¿Hablamos de valores?

Una experiencia en educación infantil

Fátima Avilés Sedeño

 **GRAÓ**   BIBLIOTECA 0-3   **6**

Colección Biblioteca 0-3

Serie: Orientación y tutoría/Formación del profesorado

© Fátima Avilés Sedeño

© de esta edición: Editorial GRAÓ, de IRIF, S.L.

C/ Hurtado, 29. 08022 Barcelona

www.grao.com

1.ª edición: enero 2024

ISBN: 978-84-19788-69-6

D.L.: B 22465-2023

Diseño: Maria Tortajada

Impresión: Podiprint

Impresión bajo demanda para España y Latinoamérica

Índice

Introducción

Los primeros tres años de vida son clave para el desarrollo de los niños y niñas. Desde que nacen están en contacto e interacción con su entorno: miran, observan, experimentan, juegan, se relacionan y descubren lo que pasa a su alrededor.

La escuela infantil es la institución que acoge a los niños y niñas en el momento de desarrollo más intenso e importante de la vida. En muchos casos, esta es la primera experiencia de vida fuera del ámbito familiar. Niños y niñas desde los cuatro meses hasta los tres años se encuentran en un mismo espacio para crecer, aprender y estar juntos.

En una escuela infantil se aprende viviendo y participando en las experiencias que preparan y organizan las educadoras y los educadores.[1] Cada equipo educativo está preocupado por la educación de los niños y niñas de su ciclo y diseña un conjunto de actividades y prácticas para que estos tengan experiencias educativas de éxito. Niños y niñas aprenden y desarrollan competencias jugando y participando en la realidad educativa de la escuela.

Todo lo que pasa en una escuela infantil es educativo y las personas que formamos parte del equipo debemos estar atentos y mirarlo con ojos educativos. Aunque cuando observamos una escuela infantil en acción puede dar una sensación de complejidad natural y espontánea, la vida cotidiana está perfectamente planificada, pensada y tiene una clara intencionalidad pedagógica con el propósito de conseguir que los niños y niñas vivan experiencias enriquecedoras y de valor. Las educadoras implementan un conjunto de prácticas educativas a lo largo de cada jornada escolar que son pensadas, diseñadas y organizadas para el grupo al que acompañan.

Como medio educativo, las escuelas acogen las necesidades y atienden a la diversidad para crear un ambiente de confianza, agradable, cálido y motivador. Todos los niños y niñas aprenden participando en un conjunto de actividades formativas. El alumnado es el protagonista de la acción educativa, explorador del mundo que le rodea, sujeto de un proceso cada vez más autónomo, pero también de un proceso que desarrolla junto con sus compañeros y compañeras. Un proceso social que, poco a poco, lo

---

1 En este libro vamos a utilizar el amplio término *educadora* o *educador* para referirnos a todos los profesionales educativos que trabajan con niños y niñas de 0 a 3 años. Además, se utilizará con mayor frecuencia el término femenino por tratarse de un mundo en el que todavía predominan más las mujeres.

va convirtiendo en un miembro activo de su primera comunidad social. La educación es un camino de autonomía y de socialización.

En este marco, las escuelas infantiles organizan su acción educativa articulando diferentes aprendizajes, como: los hábitos y rutinas marcados por la vida cotidiana y las necesidades fisiológicas de los más pequeños; las actividades que propone la cultura de la comunidad, desde la psicomotricidad al lenguaje y la matemática; las capacidades creativas y expresivas que se plasman en la música, la plástica y tantos otros momentos; las habilidades simbólicas, en un espacio donde el juego toma gran importancia; y las competencias de valor que los ayudan a convivir con los iguales, a aprender a cuidar de otras personas, a tratarse de manera justa, a colaborar en la misma actividad… Todo ello presidido por la capacidad de empatizar, de ver el mundo desde otros ojos. Estos aprendizajes se viven en un horario que está marcado por espacios y momentos concretos, donde no encontramos dos días iguales. La planificación es flexible y abierta, se adapta constante al momento y a la situación de los niños y niñas, pero en el marco de una vida cotidiana cargada de rutinas.

Además, desde el momento en el cual un niño o una niña entra en la escuela el primer día de septiembre hasta que sale a final de curso, en el mes de julio, recibe una atención individual y personalizada. Al principio niño y educadora no se conocen, pero con el paso de los días y los

Autonomía y socialización

meses cada uno va encontrando su singularidad y entendiendo al otro. Las educadoras y los educadores enseñan infinidad de cosas a los más pequeños y regulan sus relaciones en muchos momentos; los niños y niñas aprenden a querer y confiar plenamente en un adulto que no forma parte de su ámbito familiar. Cuando, después de casi diez meses juntos, llega el momento de despedirse, habrán tejido una relación estable y bien fundamentada, saben quién es el otro y lo reconocen como una persona de referencia y cariño.

Los niños y niñas, desde que nacen, aprenden a relacionarse con los otros. Existen mil maneras, previstas e imprevistas, de convertirse en un ser humano capaz de convivir de manera positiva. En la escuela infantil esto se desarrolla gracias a la relación interpersonal con los iguales. El equipo educativo es el responsable de que estas relaciones sean positivas a partir de la supervisión, la regulación y el acompañamiento.

Pero cabe destacar que los valores impregnan todo el conjunto de la escuela, están presentes en cualquier lugar y en todo momento. Aquí mostraremos las diferentes experiencias morales que se viven en una escuela infantil y que posibilitan el desarrollo de valores de los niños y niñas. Las escuelas son espacios idóneos para desarrollar competencias personales y, en buena parte, lo son gracias al acompañamiento y apoyo que los más pequeños reciben por parte de las educadoras y educadores. De nuevo, veremos cómo la educación en valores es autonomía y socialización.

El relato recoge un conjunto de acontecimientos y situaciones que pretende dar una visión de un curso escolar de niños y niñas de dos a tres años. Un recorrido a lo largo de algunos de los momentos más significativos y relevantes del curso centrándonos en la mirada de la educación en valores.

Esta experiencia se centra en la clase de las Estrellas de mar de la Escola Bressol Municipal El Petit Príncep de Barcelona, que nos abrió las puertas para conocer y descubrir cómo los valores forman parte de la vida diaria de los centros y el equipo educativo los tiene presentes y los desarrolla en su día a día. Por ello, comentaremos situaciones concretas, que pertenecen a una tipología de centro (de un contexto concreto). No obstante, todo es aplicable a otros territorios y centros educativos. Entonces, ¿hablamos de valores?

1

La cultura moral de una escuela infantil

La educación en valores en la escuela infantil 0-3 está formada por cuatro vías: la autonomía, la socialización, la convivencia y los temas de valor. La cultura moral del centro estará configurada por estos cuatro espacios o vías de educación en valores. Definimos la *cultura moral* como la suma de las prácticas educativas y los valores en que se implica a un grupo de personas que comparten ideas, en este caso, la comunidad educativa del centro (Puig, 2012).

El primer ámbito es el desarrollo de la autonomía, un principio básico en las escuelas infantiles. Entendemos por *autonomía* la capacidad de uno mismo de dirigirse y ser, al realizar por sí solo una acción que proviene de uno mismo. Pero debemos diferenciar entre autonomía moral y autonomía comportamental. En la etapa educativa de la educación infantil, la *autonomía comportamental* se entiende como la capacidad de movimiento físico y motriz que tienen los niños para realizar determinadas acciones físicas y escoger de acuerdo con sus gustos. La autonomía moral viene dada a partir de un proceso de adquisición más lento y pausado. Trabajar la autonomía durante las primeras edades prepara el camino hacia la autonomía moral. Veremos cómo, en diferentes momentos del día, las educadoras organizan el espacio, hacen propuestas de materiales o siguen determinadas rutinas de la vida cotidiana con la intención de ir formando la autonomía de los más pequeños.

El segundo ámbito de la cultura moral es la socialización, entendida como el aprendizaje de la manera de funcionar del grupo. La *socialización* se da a partir de la adquisición de un conjunto de normas que rigen la colectividad (Martín, 2012). Las normas veremos que se aprenden a partir de su uso y que se pueden hablar y cambiar, dependiendo de la situación ante la que nos encontremos, por la buena convivencia del grupo. Las normas son una herramienta que permite valorar y separar lo que es correcto de lo que es incorrecto; con ellas se marca la manera de ser, comportarse, pensar y sentir de las personas. Lo que aportan las normas a la cultura moral de la escuela es que sean respetadas, estableciendo aquellas que benefician a la convivencia y al trabajo del centro, cristalizan valores importantes para toda la comunidad educativa e impregnan la vida cotidiana de la escuela (Martín, 2012). En las escuelas infantiles es importante que el equipo educativo defina cuáles son las normas del centro y que procure que sean claras y compartidas por todas las personas que forman parte de él. Puede ser que cada aula acabe de concretar o definir sus propias normas, pero es importante que el centro educativo haya definido previamente cuáles son las líneas básicas que se deben respetar.

En el tercer ámbito nos encontramos con la *convivencia* como un espacio moral de relación interpersonal. Las personas aprendemos a convivir cuando somos capaces de articular dos puntos de vista a través de la relación o, lo que es lo mismo, a partir de la capacidad de empatía. La convivencia es un aspecto clave para pautar y regular la conducta de los niños y niñas. Uno de los objetivos principales que tienen las educadoras y educadores de educación infantil es que los niños y niñas sean cada vez más autónomos a la hora de expresarse en la relación con los otros, además de hacerlos sociables de acuerdo con la cultura y los valores. En este sentido, los encuentros morales entre iguales que se viven en la escuela son una experiencia sociomoral positiva que hace que los niños y niñas vayan construyendo formas de regulación, convivencia y aprendizaje de valores. A partir de la interacción con el otro se van fijando hábitos de valores.

Y el cuarto ámbito es tratar los *temas de valor*. Los equipos educativos de las escuelas deben ser conscientes de cuáles son los valores del centro, qué contenidos quieren trabajar y cómo ponerlos en práctica. Compartir los mismos valores y vivenciarlos favorece la cultura moral, el clima del centro y, por lo tanto, la manera como nos relacionamos con los demás. No podemos reducir los valores, o la educación en valores, a la realización de algunas actividades específicas o momentos concretos para trabajarlos. Debemos ser conscientes de que los valores impregnan toda la escuela, todos los momentos que vivimos están marcados por los valores. De esta manera, como equipo educativo debemos decidir qué valores nos definen y priorizar aquellos temas de valor que queremos que impregnen nuestra cultura moral. Esto nos permitirá conectar lo que pasa en el centro con lo que pasa en el día a día, la vida fuera de la escuela.

Estos cuatro ámbitos se deberían tener presentes en las reuniones de inicio de curso del equipo educativo e irse revisando y adaptando de manera periódica para un buen desarrollo de la cultura moral. Deben estar recogidos en el proyecto educativo de centro, además de llevarse a la práctica diaria y compartirse con toda la comunidad educativa, por ejemplo, en las reuniones de inicio de curso con las familias.

2

El día a día de una clase

Una escuela infantil está compuesta por diferentes clases que agrupan a niños y niñas que a su vez forman una unidad. Cada clase es diferente y singular, empezando porque tiene una educadora de referencia, un grupo de niños y niñas que comparten la misma edad y unas familias que los acompañan. Todas ellas conviven y comparten el espacio del centro, pero su día a día es único, al mismo tiempo que similar.

En este capítulo queremos mostrar cómo es el día a día de una clase de niños y niñas de 2 a 3 años en la escuela infantil. Aquí pasaremos por los diferentes momentos del curso, desde el inicio hasta el final, y comprobaremos cómo está marcado especialmente por las estaciones del año.

Los niños y niñas son los protagonistas y, junto con las educadoras y familias, nos enseñarán cómo se vive, qué se aprende, cómo se relacionan y qué hacen durante la mayor parte del tiempo, pero con una mirada concreta sobre los valores. ¿Nos acompañas a descubrir cómo es el día a día de esta clase?

Empezamos un nuevo curso

Es el primer día del curso y las educadoras van llegando a la escuela. Entran con una gran sonrisa y dispuestas a empezar un nuevo curso escolar, observando todo a su alrededor. El espacio no ha cambiado mucho, todo está igual que cuando lo dejaron en julio. Pero, poco a poco, la sala de reuniones se llena de bromas y abrazos de reencuentro, hablan de lo que han hecho durante las vacaciones y las ganas que tenían de verse.

Llega septiembre y, con él, un nuevo curso escolar. Septiembre es un mes de comienzos, un mes marcado por la incertidumbre de cómo será el curso al que acompañaremos y la alegría de iniciar nuevos retos. Y también lo es para las familias que confían en las educadoras la educación de sus hijos e hijas. Pero, sobre todo, es un mes de cambio para los niños y niñas que empiezan uno de los tres cursos del primer ciclo de la escuela infantil.

La escuela infantil 0-3 se configura en tres niveles educativos. Primero los lactantes, un grupo de, como máximo, 8 niños y niñas de entre 4 meses y 1 año; les siguen los niños y niñas que tienen entre 1 y 2 años en grupos de, como máximo, 13 personas; y, finalmente, entre los 2 y 3 años podemos encontrar grupos de hasta 20 niños y niñas. En total, si nos centramos en la realidad de una escuela podemos imaginar que haya hasta 87 niños y niñas distribuidos en seis grupos clase.

El equipo educativo está formado, generalmente, por la directora, una educadora coordinadora que sirve de refuerzo a la dirección y a las aulas, una educadora tutora y una de apoyo para cada uno de los grupos clase. También está el equipo de servicios, donde hay personas encargadas de la limpieza y de la cocina, en los centros que cuentan con cocina propia. En total, una escuela infantil de dos líneas podría contar con un equipo de, aproximadamente, unas 18 personas que velan por la educación de los niños y niñas de hasta 3 años de edad.

El primer día de los centros educativos suele destinarse a hacer una reunión de equipo y dar la bienvenida al nuevo curso. En ocasiones la dirección decide llevar a cabo una dinámica de confianza con la intención de que todas las personas del equipo se conozcan entre ellas.

Durante los siguientes días, las educadoras se encargan de preparar el espacio y material de su clase, ajustar la programación de aula, pensar actividades y diseñar las unidades didácticas que desarrollarán a lo largo del curso. Para ello, las educadoras, generalmente, se coordinan en pareja con la paralela del nivel educativo correspondiente. Además, estos días también se destinarán a hacer reuniones en las que coincide el equipo educativo al completo.

Espacios y mobiliario

En la decoración predominan las obras realizadas por los niños y niñas a partir de elementos naturales o reciclados. Los elementos decorativos cuelgan de una red que se encuentra a unos dos metros del techo, para que queden próximos a la altura de los niños y niñas y puedan observar de cerca lo que han creado ellos mismos.

En las escuelas infantiles 0-3 cabe mirar con cuidado y ojos educativos cómo distribuimos, organizamos y decoramos. Toda escuela cuenta con unos espacios educativos comunes: una clase para cada grupo, un patio y una sala grande de usos múltiples, además de los lugares para el personal. Los espacios de una escuela infantil 0-3 son muy peculiares, están adaptados a la altura y necesidades de los niños y niñas para que puedan disfrutar mejor y con más seguridad de ellos. La sala de usos múltiples es un gran espacio donde se desarrollan algunas actividades, así como un lugar de paso para las familias durante las entradas y salidas. La parte central está destinada a las aulas para cada uno de los grupos clase. Para acceder encontramos puertas que, generalmente, son de cristal, lo que facilita ver qué sucede en el interior. Los extremos de las puertas están cubiertos de goma protectora que evita que los más pequeños se enganchen los dedos cuando se cierran. Las aulas son muy similares entre sí, exceptuando la de lactantes, que cuenta con cunas para cada uno de los niños y niñas.

Si nos centramos en un aula preparada para acoger a veinte niños y niñas de 2 a 3 años encontramos, a un lado, el cambiador, la pila que utiliza la educadora, tres inodoros infantiles y una pila adaptada a la altura de los niños y niñas. Este espacio está rodeado de veinte colgadores y veinte taquillas, cada una con el nombre y fotografía del niño o niña al que corresponde. Y, al lado, un armario grande donde se guardan los veinte colchones que se utilizan para dormir. En el otro extremo de la clase encontramos los *rincones*. Generalmente hay cuatro, que se van cambiando a lo largo del curso según los aspectos educativos que se quieran trabajar. El aula tiene dos mesas grandes y una pequeña. Durante los momentos de juego las mesas son espacios de trabajo y de propuestas, pero a la hora de comer y merendar se recoge todo el material, se ponen los manteles y se sirve la comida.

Finalmente, tenemos el patio, un espacio amplio envuelto por plantas y árboles que nos separa del exterior. Una gran parte del patio es de arena, un material educativo de primera. También encontramos la cocina, el arenero, el huerto y algunos elementos de madera, como una casita con columpios, troncos de diversas medidas y ruedas. En una zona asfaltada hay dos mesas de pícnic y un almacén con materiales propios de este espacio: motos, palas, cubos o pelotas, entre otros muchos. Para la clase de niños y niñas lactantes, hay un espacio reservado con suelo de caucho que facilita el movimiento seguro de los más pequeños.

Los primeros días de septiembre se dedica tiempo a organizar, preparar y adaptar el espacio y los elementos de la clase al grupo de niños y niñas al cual acompañaremos. Se puede afirmar que el espacio, la decoración y los objetos educan.

Los primeros días de escuela

A primera hora la educadora se dirige hacia la clase y se encuentra con Lua, que llega en brazos de su madre. Les da los buenos días y juntas atraviesan la sala grande para llegar al aula. Cuando pasan por delante de la clase de los Caballitos de mar, donde Lua estuvo el curso pasado, la madre la señala y explica que este año irá a otra aula porque se ha hecho mayor. La niña mira la clase mientras la madre continúa caminando hasta que llegan delante de la clase de las Estrellas de mar. La educadora abre la puerta, enciende las luces y las invita a entrar. La madre, que todavía lleva a Lua en brazos, la deja en el suelo y, con una sonrisa, le dice que esta será su nueva clase. La niña en silencio mira el espacio, fija los ojos en determinados puntos del aula y, por su expresión, parece que identifica algunos detalles que le recuerdan a su anterior aula. La madre hace lo mismo, de manera rápida observa el conjunto de la clase y descubre el rincón de los coches. Lo señala e invita a la niña a ir a jugar con el coche de juguete que lleva de casa. Lua se acerca, mira dentro de la caja de madera donde están todos los coches, coge uno, se sienta en la alfombra y empieza a jugar. La madre aprovecha para hablar con la educadora y cuando acaba se acerca a su hija, se despide de ella con un abrazo mientras le dice que la verá en un rato y le desea que se lo pase bien en la escuela. Al cerrar la puerta, vuelve a observar, sonriendo, cómo su hija está jugando a gusto.

Durante las primeras semanas, las adaptaciones acaparan todo el protagonismo de la escuela. Pasan por este proceso tanto los niños y niñas que ya la conocen como aquellos que empiezan por primer curso. Las educadoras trabajan para que se sientan acogidos, vayan encontrando su sitio, estén a gusto en la escuela y se adapten a su ritmo cotidiano.

Para que las adaptaciones sean tranquilas e individualizadas, se tienen reuniones previas e individuales con cada familia. En ellas se habla del niño o niña y se llega a acuerdos comunes para trabajar de manera favorable su adaptación. Las entradas y salidas se hacen de manera gradual, se organizan pequeños grupos, generalmente de cinco niños y niñas, para que lleguen progresivamente y se puedan atender a medida que se incorporan. Esto se pacta con cada familia, adaptándose a sus necesidades.

El primer día de la clase de 2 a 3 años empiezan los niños y niñas que ya han ido a la escuela el curso pasado; se recomienda que estén, aproximadamente, dos horas y media conociendo el nuevo espacio y familiarizándose con sus compañeros, compañeras y educadora. La tutora da algunas indicaciones a las familias sobre el horario y el tiempo recomendado de permanencia de cada niño o niña, así como pautas que se ajustan según la evolución y disponibilidad familiar.

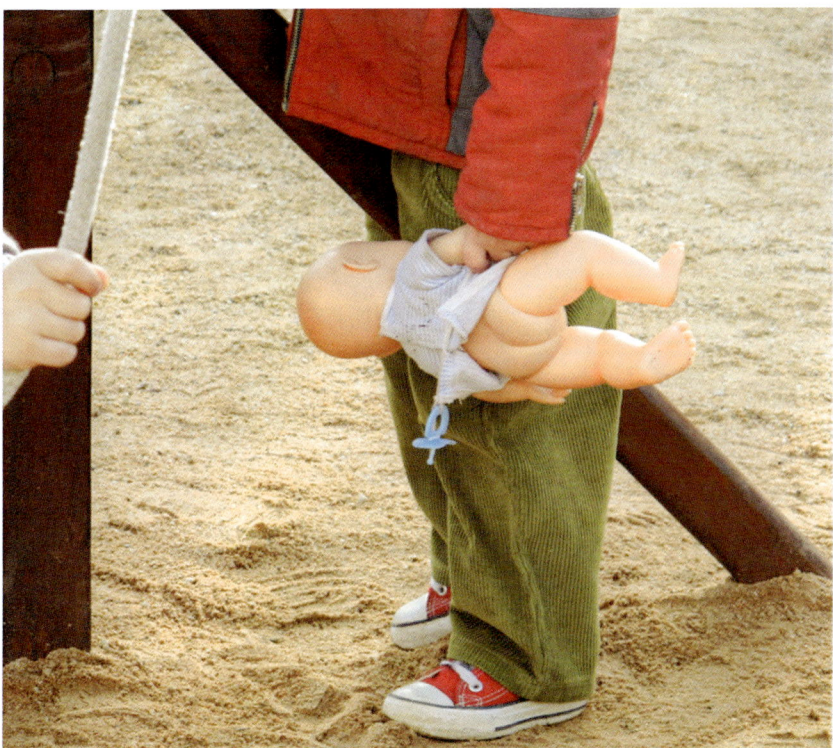

El muñeco de confianza

Hay niños y niñas que llegan en brazos de sus familiares, a algunos les cuesta más soltarse y otros enseguida empiezan a jugar, como vemos en el ejemplo. Hay quienes necesitan que la educadora los tome en brazos para calmarse y que se establezca como el punto de referencia seguro para estos días. En función de la manera de actuar de cada niño y cada niña, la educadora encuentra la fórmula para acompañarlos y ayudarlos a hacer una buena adaptación al nuevo espacio, a los nuevos compañeros y compañeras, a las nuevas rutinas escolares y a ella misma.

No hay que olvidar que todas las personas implicadas pasan por el proceso de adaptación. Los niños y niñas son los principales protagonistas, pero las familias y educadoras también se adaptan a la novedad. Las familias deben conocer a la persona que acompañará a su hijo o hija, cogerle confianza y transmitirle seguridad al niño o niña. La educadora, por su parte, también se tiene que hacer al grupo nuevo, con individuos con sus necesidades particulares, y con nuevas familias que deberá atender y acompañar. No hay dos cursos iguales.

La adaptación mejora

Frida tiene 2 años y es su primer día de escuela. Llega en brazos de su madre observando lo que sucede a su alrededor. Cuando entran en la clase la educadora la está esperando con un número reducido de niños y niñas, los demás están en el patio. Saluda primero a la niña y después a la madre, que le responde al mismo tiempo que deja a Frida en el suelo dándole la mano. La educadora les explica algunas cuestiones sobre el funcionamiento de la escuela, les enseña su taquilla y el colgador, que ya tienen la fotografía de Frida, y la estantería donde dejar su vaso. Cuando acaba la explicación, la madre se agacha y, mirando a su hija a los ojos, se despide. La niña empieza a llorar mientras la madre intentar salir con una sonrisa. La niña la persigue corriendo y, al final, se tumba en el suelo gritando y llorando. La educadora se acerca a ella, la coge en brazos y le habla en voz bajita para que se calme. Se sientan en la mesa de experimentación y la educadora empieza a jugar pasando el pan rallado de un bote a otro. La niña, que está sentada en su falda, la mira fijamente y, poco a poco, deja de llorar.

El tiempo es una idea abstracta que los niños y niñas de entre 2 y 3 años todavía no han adquirido. Para Frida, como para los otros niños y niñas, vive la separación de manera absoluta y no entiende que su madre volverá muy pronto a buscarla. Por eso es importante que antes de irse las familias se despidan de ellos y les expliquen que volverán a buscarlos. Aunque no acaben de entenderlo, es favorable recordar la imagen de la madre, el padre o la persona adulta de referencia sonriéndoles y diciéndoles que volverán. A medida que van pasando los días, los niños y niñas ven y entienden que los vuelven a buscar: un aprendizaje de la confianza.

Cada niño y niña vive los cambios y la separación de una manera diferente. Por este motivo las educadoras tienen un cuidado especial para cada uno de ellos. Los que se incorporan por primera vez a la escuela suelen pasar por un proceso más complejo, suelen empezar con una franja horaria más reducida, así se van adaptando poco a poco y la educadora los puede atender de manera más individualizada. Con dos años es la primera vez que estarán en un espacio con un nuevo adulto de referencia que compartirán con otros niños y niñas.

Siguiendo el ejemplo de Frida, la educadora en este caso hace de apoyo moral a la niña. La tiene en brazos ofreciéndole calma y acompañándola durante el tiempo necesario. Cuando Frida esté preparada, la educadora empezará a introducirla en el grupo y la presentará cada vez que se encuentren con algún niño o niña, explicará que es una nueva compañera de la clase de las Estrellas de mar. Poco a poco, Frida se irá sintiendo a gusto y establecerá una relación de confianza con ella.

Experimentando con arcilla

Los siguientes días son parecidos, la educadora va buscando estrategias para que la niña gane confianza. Cada mañana cuando llega juegan juntas en la mesa de experimentación, parece que es una propuesta que le gusta y la relaja. También practican un tipo de «baile» que consiste en irse separando físicamente, distanciando los cuerpos. Al principio la niña está siempre sentada encima de la educadora y muy enganchada a ella, pero poco a poco la educadora se va separando, la sienta en la rodilla y, cuando cree que es el momento, en otra silla. Llega un día en el cual Frida, igual que los otros niños y niñas, no necesita que nadie se siente a su lado durante todo el tiempo que esté en la escuela para sentirse segura. También encuentra su sitio en el patio, a medida que van pasando los días, coge más confianza y se acerca a sus compañeros y compañeras para jugar. Adquiere un primer nivel de autonomía, empieza a ganar control sobre sí misma y a sentirse capaz de hacer cosas por sí sola. Además, cada día pasa más tiempo en la escuela, más tiempo sin la familia, aprendiendo a vivir con otras personas, aprendiendo a ser ella misma y serlo con otros miembros de la escuela. Emociona ver cómo se teje una vida compartida.

Conocemos a nuestra mascota

EDUCADORA: Ahora estamos en una nueva clase, ya no sois Caballitos de mar ni Tortugas. Mirad, ¡somos la clase de las Estrellas de mar! –dice la educadora señalando la imagen de una estrella de mar que hay en la puerta de la clase–. Y tenemos una mascota. ¡Os presento a Azul! –dice mientras saca el peluche de la bolsa y lo enseña al grupo que la mira fijamente–. Azul estará con nosotras este curso y nos traerá canciones.

De la misma bolsa donde estaba Azul extrae un cancionero y les propone cantar juntos. Cada página tiene la letra de una canción infantil con una ilustración que la representa.

En la escuela infantil es habitual que cada clase cuente con una mascota que los acompaña durante todo el curso y compartirá con ellos los momentos más importantes. Dar vida a la mascota de la clase es una actividad muy importante porque permite trabajar con los más pequeños el valor de la convivencia y que sientan que forman parte de una misma aula que los acoge. Una mascota es un símbolo que ayuda a la construcción de la propia identidad, de la idea de grupo, así como del sentimiento de pertenencia y cohesión. Presentar a la mascota a principio de curso permite una nueva identificación que proporciona seguridad. Cada año se mantienen los mismos nombres en las aulas para que los niños y niñas puedan empezar a situarse en un proceso espaciotemporal. Los nombres de las clases son símbolos que ayudan a los niños y niñas, así como a las familias, a marcar el paso del tiempo y la ubicación en el espacio del centro. Por ejemplo, la clase Estrellas de mar está formada por los niños y niñas de 2 a 3 años que en los cursos anteriores iban a las clases de los Caballitos de mar y de las Tortugas, cuando tenían de 1 a 2 años.

Por todos estos motivos, durante los primeros días del curso la educadora destina un momento a incorporar la mascota en la dinámica del aula y presentarla al grupo de niños y niñas. En la clase de las Estrellas de mar contamos con Azul, una estrella de mar de peluche, de tacto suave, que es de color azul. Tiene cinco patas y unos puntos de relieve que la recorren

La mascota de la clase de las Estrellas de mar

de arriba a abajo como un camino. En una de las patas tiene dos ojos que hacen que la estrella de mar sea un personaje tierno y cercano a los niños y niñas. Vemos en el ejemplo cómo la educadora presenta a la que será la mascota que los acompañará durante todo el curso y que cada vez tendrán más presente. Durante los siguientes días la educadora incorpora a Azul en diferentes momentos de la jornada para que la vayan conociendo e integrando en la vida del aula. Cuando la mascota forma parte del grupo, la educadora le ofrece un espacio dentro del aula: estará en una cestita con una manta para que no pase frío. De esta manera quedará incorporada en la clase, la visitarán, le hablarán, les calmará cuando estén nerviosos y, además, les permitirá incorporar dos valores esenciales a través del juego: cuidar y aprender a hacerlo junto a y con sus compañeros y compañeras.

La fiesta de otoño

La educadora recoge en la cesta los elementos de otoño y empieza a presentarlos de uno en uno. Primero coge la granada que ha llevado Mateo, la enseña y pregunta si saben qué es. Algunos dicen que es una manzana, pero la educadora les explica que, aunque lo parezca, es otra fruta que solo brota en esta época del año. Nuria y Nico insisten en que es una manzana. La educadora coge una de las manzanas del desayuno y la coloca al lado de la granada para que vean la diferencia. Como por fuera son muy parecidas, abre las dos frutas y las enseña por dentro. Los niños y niñas, sorprendidos, comprueban la diferencia y quieren tocar la fruta que acaban de descubrir. Seguidamente, enseña el boniato que ha llevado Inés, que reconocen como una patata. Pero la educadora les vuelve a explicar que son diferentes y lo pela para enseñarles el color anaranjado. Este también levanta expectación entre los más pequeños, que lo tocan asombrados. En tercer lugar, enseña una bellota que ha llevado Max y las hojas que han recogido del patio de la escuela. Enseña una hoja verde, de cuando todavía está en el árbol, y después una hoja marrón, cuando ya ha caído. Explica, de manera clara y adecuada para su edad, que las hojas empiezan a caer del árbol y pronto estará el suelo del patio cubierto por un montón de hojas. La educadora coge unas cuantas hojas y las tira por encima de los niños y niñas que están delante de ella. Ellos no se lo esperan y, sorprendidos, gritan contentos, riendo y recogiendo las hojas para repetir la misma acción que la educadora.

La escuela infantil otorga especial importancia a las fiestas populares, celebran con los niñas y niñas y con las familias los momentos más significativos de la tradición que coinciden con el cambio de estaciones del año. Son momentos que se viven de manera lúdica y divertida, respetando las necesidades y ritmos de cada uno.

La fiesta de otoño es la primera del curso y coincide con la popular Castañada en Cataluña. En otras partes del territorio también encontramos diferentes tradiciones, como la fiesta celta del Samaín en Galicia. La Castañada se celebra a finales de octubre y sirve para dejar atrás el verano y dar paso al otoño. Es un momento en el que empieza el frío, caen las hojas de los árboles y nacen frutos como calabazas, granadas, boniatos y, por supuesto, castañas. Además, a grandes rasgos coincide con la finalización del proceso de adaptación. Ya hace un mes y medio que los niños y niñas van a la escuela y, más o menos, cada uno ha encontrado su sitio y se ha ido incorporando a las rutinas diarias. Una semana antes de la fiesta las educadoras preparan y decoran el espacio juntamente con los niños y niñas.

Una de las actividades que se pueden realizar para ambientar el espacio en los centros es presentar los elementos propios del otoño. Esta

Aprendiendo con los elementos del otoño

actividad consta de cuatro grandes momentos. Para empezar, algunos días previos la educadora invitará a que los niños y niñas que quieran puedan llevar a la escuela elementos otoñales que tengan en casa. Algunas familias traerán diferentes objetos de esta época, que la educadora irá recogiendo en una cesta. En un segundo momento, la educadora invitará a que los niños y niñas libremente recojan hojas que vayan encontrando en el patio. Algunos niños y niñas se pasearán buscando hojas que hayan caído al suelo y se las ofrecerán. El tercer momento representa el espacio principal de desarrollo de la actividad, que es el observado en el ejemplo. Los niños y niñas se sientan en círculo para conocer cuáles son los elementos del otoño. La educadora presentará todos aquellos que han llevado los niños y niñas, así como las hojas, explicará qué son y dejará que sean los propios niños quienes los descubran. Para acabar, les ofrecerá la posibilidad de pegar las hojas en una cartulina y dibujar en ella para decorar la clase.

El día de celebración de la Castañada, los niños y niñas reciben a la castañera, una figura clave de esta fiesta. Será la educadora coordinadora, la directora o alguna familiar quien se disfrazará de castañera para que todas las personas que forman parte del centro celebren este día. Esta actividad trabaja la convivencia y el conocimiento mutuo en un ambiente más relajado y lúdico.

Cuando la castañera llega a la escuela visita cada una de las clases, saluda a todos los niños y niñas, explica su historia, de dónde viene, y recoge las castañas que han llevado. Así, se crea un ambiente distendido donde los niños y niñas cantan y hacen preguntas sobre la fiesta. Por la tarde, la escuela prepara un momento especial para compartir con las familias. A medida que los niños y niñas van saliendo del centro, acompañados de sus familiares, en la puerta les saluda la castañera que les ofrece castañas y boniatos que han cocido previamente en el centro, con la ayuda de algunas familias. Esa tarde, niños y niñas disfrutan con sus padres, madres, abuelas, abuelos, hermanos y hermanas comiendo castañas y boniatos.

Cabe destacar que, en los momentos festivos, hay niños y niñas que se agobian y se sienten inseguros. Desde la escuela se respetan los sentimientos y emociones de cada uno, por ello, la educadora siempre explica que, si alguien no quiere ir donde está la castañera, se puede quedar con ella en clase. La educadora está pendiente de cada uno y ofrece apoyo a quien lo necesite.

- Cada curso es diferente, único y especial.
- Hay que respetar el proceso de adaptación de todas las personas implicadas: niños y niñas, familias y educadoras.
- Los niños y niñas son los principales protagonistas durante la adaptación y hay que respetar sus ritmos y necesidades.
- Los primeros meses es importante trabajar los valores de convivencia y el sentimiento de pertenencia del grupo.

La vida cotidiana

EDUCADORA: Para mí cada día es distinto al anterior, nunca vivo dos días iguales. Cuando llego por la mañana, aunque tengo un horario claro y sé qué actividades propondré, debo estar atenta a lo que suceda y adaptarme a las situaciones que surjan, los conflictos que se generen y las oportunidades imprevistas.

Hemos visto los diferentes momentos de un día en una clase de niños y niñas de 2 a 3 años. Una regularidad que ayuda a los más pequeños a acostumbrarse a las rutinas y adquirir hábitos vitales básicos. Este es uno de los aspectos fundamentales de las escuelas infantiles: que los niños y niñas adquieran hábitos imprescindibles que les ayudarán a ser más autónomos, tanto dentro como fuera del centro. Pero no hay que imaginarse que todo es repetición, sino más bien lo contrario; los hábitos se aprenden con regularidades y también con flexibilidad y novedad. En una escuela no hay dos días iguales. Cada jornada se hacen propuestas diferentes y, a veces, hay días excepcionales. Pero cabe destacar que hay «momentos básicos», como por ejemplo la hora del desayuno, la comida, el descanso o la merienda.

La vida cotidiana de una escuela es el conjunto de acciones que se desarrollan con el objetivo de satisfacer necesidades personales, principalmente fisiológicas, y necesidades colectivas y de organización que se repiten con gran frecuencia. Las actividades de vida cotidiana son oportunidades para que los más pequeños aprendan hábitos al mismo tiempo que incorporan valores. Por ejemplo, el valor de la autonomía cuando utilizan los cubiertos para comer, el del cuidado cuando reparten los baberos o el de cooperación cuando colocan juntos el mantel. A partir de situaciones naturales de la vida diaria adquieren nuevas destrezas y capacidades imprescindibles para la vida. La escuela infantil debe adaptarse continuamente a las necesidades individuales y grupales.

Las acciones de la vida cotidiana hacen que los niños y niñas aprendan a ubicarse en el tiempo: después de comer es la hora del descanso, cuando acaban de merendar llegan las familias a buscarlos.

A lo largo de un día escolar suceden muchas cosas, algunas repetidas y otras inesperadas, improvisadas o programadas, pero todas contienen un fuerte componente educativo y de valores.

Las entradas

Llega Neil con su madre mientras la educadora está con el grupo de niños y niñas que está pintando con acuarelas. Cuando los ve, enseguida se acerca a ellos y les da los buenos días con una gran sonrisa. La madre mira a su hijo y le dice que se va a trabajar, la educadora se agacha para estar a la altura del niño y le explica que le tiene que decir adiós a mamá hasta la tarde. El niño se despide mientras la madre sale del aula. La educadora aprovecha estos minutos para preguntarle cómo fue ayer por la tarde en la piscina. Sabe que Neil cada lunes va a la piscina y es una manera de conectar con él con una actividad personal.

A primera hora de la mañana, las educadoras de apoyo van llegando, se cambian de ropa y se dirigen hacia las aulas para esperar la llegada de los primeros niños y niñas. La escuela suele proporcionar un servicio de acogida a partir de las ocho de la mañana para aquellas familias que lo requieran. Durante esta primera hora, es la educadora de apoyo de cada aula la encargada de dar la bienvenida y ofrecer propuestas de actividades relajadas.

A partir de las nueve llega la educadora, generalmente con una gran sonrisa, saludando a los niños y niñas que ya están allí. Estos, cuando la ven, la saludan efusivamente y algunos incluso se acercan a darle un cálido abrazo de buenos días. Poco a poco van llegando todos los niños y niñas y la clase se va llenando de risas, juegos y algún lloro.

El encuentro a primera hora de la mañana es un momento mágico, es la ilusión de volver a estar juntos, una estima mutua y presagio del que será un día agradable. Este es un buen momento para que las educadoras interactúen de manera individual con cada uno de los niños y niñas proporcionando encuentros morales. Los *encuentros morales* (Gijón, 2004) son breves interacciones a través de las cuales se va forjando una relación de confianza y cariño. A primera hora estas interacciones pueden ser, por ejemplo, preguntarles cómo se encuentran, si han dormido bien o hacer algún comentario más personal, como vemos en el ejemplo. Estos encuentros entre educadora y niño hacen que se sienta único, singular y querido por la que es ahora una persona de referencia. Los encuentros posibilitan que, gracias al acompañamiento, la acogida y el cariño de la educadora, los más pequeños vayan desarrollando su personalidad moral y adquiriendo valores.

Generalmente, durante la entrada la educadora prepara alguna actividad relajada para que los niños y niñas se puedan ir incorporando si lo consideran o deja que jueguen libremente en los rincones de la clase. Un ejemplo de actividad es pintar con acuarelas. La educadora, bajo la atenta mirada de los niños y niñas, va preparando el material necesario para realizar la actividad mientras les explica lo que podrán hacer. Cada uno decide libremente lo que quiere realizar durante este

Pintando con acuarelas

espacio: aceptar la propuesta o hacer juego libre. En este caso, la actividad requiere que sea un grupo reducido de unos seis niños y niñas para que la educadora pueda guiarla y ayudar en lo que sea necesario. En el caso de que haya más niños y niñas que quieran pintar con acuarelas, se les explica que deberán esperar a que acaben sus compañeros y compañeras para que llegue su turno. A veces esta espera se puede hacer larga y algunos van mirando cómo pintan, se acercan mucho a la mesa e incluso intentan coger un pincel y pintar en la cartulina de otro. La educadora, con mucha delicadeza, les explica que deben esperar y que pronto llegará su turno. Todos los que quieran dibujar tendrán la oportunidad de hacerlo y no tienen que preocuparse. Estos espacios se aprovechan para trabajar el tiempo, saber esperar y respetar el espacio y los turnos.

Estas actividades se van repitiendo en diferentes momentos del curso, lo que facilita que, a medida que este avanza, los niños y niñas vayan ganando autonomía y destreza. Conocerán la actividad, irán aprendiendo a hacer uso del pincel y al final se moverán como auténticos especialistas al mismo tiempo que siguen practicando la motricidad fina. Además, aprenden valores de convivencia, como compartir y respetar el espacio y el material para que todos y todas puedan dibujar con calma.

Es la hora del desayuno

La educadora coge algunas mandarinas, les quita un trozo de piel y pregunta quién quiere acabar de pelarlas. Enseguida salen algunos voluntarios y ella les ofrece la mandarina, haciéndolos responsables de acabar la tarea. Ana es una de las encargadas, cuando acaba de pelarla, mira a su alrededor y ve que Leo está esperando un trozo. Mira la mandarina que tiene en la mano, la parte en dos y decide entregar una a su compañero. Ana se ha quedado con el trozo más grande y empieza a comer. Unos instantes más tarde llega Inés y pide mandarina. La educadora mira a Ana y le comenta, amablemente, que puede compartir un trozo con su compañera. La niña la mira, acepta el comentario de la educadora y la comparte con Inés.

A media mañana, cuando todos los niños y niñas han llegado, es un buen momento de compartir un rato juntos; esto se suele hacer alrededor del desayuno. Hay escuelas que por la mañana preparan un surtido de fruta variada del tiempo. Las educadoras se colocan en un rincón de la clase e invitan a los niños y niñas a sentarse alrededor haciendo que acaben sentados en círculo comiendo, compartiendo y haciendo tertulia.

En el ejemplo de la mandarina, vemos cómo una acción que puede resultar tan sencilla para las personas adultas es para los más pequeños una tarea cargada de aprendizajes. Cuando están pelando la mandarina van desarrollando la motricidad fina, observan la fruta y los detalles que tiene, se fijan en que cada gajo es diferente e incluso alguno tiene semillas que deben quitar. Alrededor de esta acción pueden surgir conversaciones que nos lleven a aprender sobre las frutas, las texturas o los colores. Pero, además de esto, están pelando la fruta para ellos mismos y para compartirla con los compañeros y compañeras. Una tarea en la que hay que reconocer las necesidades propias, en este caso alimenticias, e identificar que la otra persona también puede tener las mismas necesidades. Un ejercicio de pedir y dar que está cargado de aprendizajes y que la educadora facilita en un entorno seguro y tranquilo.

¡Vamos a comer!

> Cuando todos y todas tienen su plato de sopa, miran con atención la comida, algunos ponen la cabeza de lado para ver cómo el humo caliente sube, cogen la cuchara y se disponen a comer. La educadora recuerda que deben soplar para no quemarse:
>
> Niño: ¿Quema? –pregunta Alejandro mirando el plato.
> Educadora: Creo que ya no quema, prueba un poquito –le contesta la educadora sonriendo.
> Niña: ¡Ya no quema! –le dice Nadia, que ya ha empezado.

Cada día, hacia las 12 a.m., llega el momento de cubrir una de las necesidades básicas: la alimentación. La rutina empieza con los hábitos de higiene personal: hacer pipí o esperar a que la educadora les cambie el pañal, lavarse las manos y coger un papel para secarse. A medida que acaban se van sentando alrededor de la mesa. Cuando llega el momento de repartir los baberos, hay centros donde las educadoras deciden que sean ellos mismos quienes se encarguen de repartirlos. De esta manera, cada día un niño o niña toma una pequeña responsabilidad del grupo y, además, consigue que se aprendan el nombre de todos y todas poco

Hora de la comida

a poco. Esto hace que los más pequeños se sientan singulares al mismo tiempo que responsables de su pequeña comunidad: la clase de las Estrellas de mar.

En algunos centros, si cuentan con cocina propia, la persona de cocina es la encargada de llevar el carro con la comida a las clases. Esto facilita que los niños y niñas también la conozcan, sepan quién lo ha preparado y vean que forma parte del centro. Las educadoras aprovechan para agradecerles cada día lo que han cocinado y dan pie a que expliquen qué comerán hoy. Si en el grupo hay algún niño o niña con alguna intolerancia alimenticia, se puede colocar en una mesa más pequeña, con otros niños o niñas, procurando que estos sean conscientes de que no deben darle de comer a su compañero o compañera. La comida es un momento de socialización y autonomía, los niños y niñas están sentados en grupo compartiendo con el resto, hablando y riendo, al mismo tiempo que aprenden a utilizar los cubiertos con destreza. Llegará un momento en el curso en el cual la educadora podrá incorporar las jarras de agua para que sean ellos mismos los que se sirvan, adquieran la autonomía necesaria y tengan cuidado de no tirarla por la mesa. La comida debe ser un momento positivo y de placer en el que adquirirán las pautas y comportamientos sociales de una actividad tan cotidiana como la alimentación.

Los momentos de descanso

La educadora saca el colchón del armario y lo deja en el suelo. Martina lo coge por una esquina y lo intenta llevar a su sitio. La educadora, que ve que la niña tiene algunas dificultades, le pregunta si necesita ayuda y ella le contesta que sí. Lara, que ha observado la situación, dice que ella también quiere ayudar. Cada una coge el colchón por una esquina y, entre las tres, lo llevan hacia donde suele dormir Martina. Cuando lo dejan en el suelo, es Martina quien acaba de colocarlo a su gusto y se prepara.

Después de la comida, llega el momento del descanso. Cada día la educadora se encarga de colocar los colchones por toda la clase para que los niños y niñas puedan descansar. A principio de curso se hacen pruebas hasta descubrir la posición y lugar que haga sentir más cómodo a cada cual y llegará un momento en que cada día estarán distribuidos de la misma manera. Por ejemplo, en la clase de las Estrellas de mar a Iván le gusta dormir cerca de la puerta, a Eric en un sitio apartado sin mucho ruido y a Sara al lado de la educadora. El momento de colocar los colchones puede ser una oportunidad para que los más pequeños desarrollen conductas de ayuda y cooperación. En el ejemplo vemos cómo ayudan a que Martina pueda tener el colchón en su sitio. Esta acción podría realizarla la educadora por su cuenta, pero decide que la niña se haga responsable y, además, provoca que otra niña se sienta interpelada y quiera ayudar.

A medida que todas las camitas están colocadas, llega el momento de prepararse para el descanso. Cada niño o niña se sienta en su camita, se quita los zapatos, los deja a un lado y se tumba. Algunos esperan que la educadora los tape, otros enseguida caen rendidos de sueño. Poco a poco, se van bajando las persianas para que la clase esté más oscura, se relaje el ambiente y se acomoden cada uno en su sitio, en silencio y harmonía. Este momento puede ir acompañado de música relajante. Cuando están todos y todas tumbados, la educadora pasa uno por uno, los mira y les pregunta si están bien o necesitan algo. Les habla flojito y explica que es hora de descansar, deben dormir para continuar jugando después. Cuando todos están dormidos es el momento en el cual, normalmente, la educadora sale de la clase y aprovecha para comer y tener reuniones con todo el equipo educativo. Durante estas dos horas es la educadora de apoyo la encargada de velar por el descanso de los más pequeños.

La tranquilidad del descanso

La merienda

Hoy para merendar toca yogurt. Cuando todos y todas tienen el suyo, la educadora coge uno y les enseña cómo quitar la tapa. Una vez han visto cómo se hace, cada cual se centra en el suyo e imita los movimientos de la educadora. Algunos tiran con fuerza hacia arriba y lo abren, otros rompen la tapa y acaban de abrirlo como pueden y hay quien prueba y prueba durante un rato. La educadora da la enhorabuena a medida que abren el yogurt y reparte las cucharas. A Lua le está costando abrirlo, lo ha intentado, se ha esforzado, ha observado el yogurt desde todos los ángulos, pero no ha podido abrirlo. Con cara de frustración busca la mirada de la educadora, que la está observando, esta le dice que no pasa nada y que la ayudará. Se acerca, se pone a la altura de la niña, le pone la mano encima de la suya y entre las dos abren el yogurt delicadamente. Con una sonrisa, la educadora le dice que el próximo día lo volverá a intentar y seguro que lo consigue. La niña se queda más tranquila, acepta lo que le dice la educadora y se dispone a merendar.

Por la tarde, después del descanso, entramos en las últimas horas de la jornada escolar. A medida que se van despertando de la siesta, se incorporan a actividades relajadas y, al cabo de un rato, es el momento de reponer fuerzas merendando. En el ejemplo vemos cómo la merienda se convierte en un momento cargado de aprendizajes. Los días en que toca yogurt requieren mucha dedicación. A principio de curso les cuesta coger la cuchara y comer sin que se les caiga el yogurt. Pero, poco a poco, a medida que transcurren los días, adquieren mayor destreza y son capaces de superar retos como abrir la tapa.

En los centros que tienen flexibilidad horaria, por la tarde empiezan a llegar las familias a buscar a los niños y niñas. La recogida se suele hacer de manera escalonada, dependiendo del horario de cada centro, respetando las diferentes circunstancias familiares. Normalmente cada día las familias acostumbran a llegar a la misma hora, de manera que los niños y niñas anticipan el momento y se preparan con antelación. Cada vez que llaman al timbre o entra un familiar en la clase, observan con la esperanza de que los vengan a buscar y los reciben corriendo, con un cálido abrazo y un beso.

Este es un momento idóneo para hablar e interactuar con las familias, comentar cómo ha ido el día, la evolución del niño o la niña y los incidentes que hayan podido surgir. La relación entre las familias y el centro educativo es un tema clave. Las familias confían en el centro y, concretamente, en la educadora como responsable de la educación de su hijo o hija. La escuela debe favorecer las relaciones de manera abierta y participativa, invitando al diálogo y a la familiaridad. Por eso, la comunicación con las familias es uno de los aspectos más relevantes que tener en cuenta en el proyecto educativo de centro. La educadora debe propiciar un clima de comunicación sereno y tranquilizador, además de transmitir proximidad y estima a las familias. El objetivo principal es establecer un puente de confianza en el cual ambas partes se sientan interlocutoras y tengan la posibilidad de compartir sus expectativas y proyectos con relación a la educación de los más pequeños. En definitiva, generar espacios de complicidad e implicación entre familia y educadora contribuye al desarrollo personal del niño o niña.

¿Qué tener en cuenta en la vida cotidiana de los centros?

- Todos los momentos de una escuela están impregnados de valores. Nuestro trabajo es el de potenciarlos y visibilizarlos.
- Las rutinas ofrecen a los niños y niñas estabilidad y confianza.
- Rutina no significa repetición.
- Cada día en una escuela es singular y diferente. No hay dos días iguales.

Cosas que aprendemos

Cada mañana se dedica una hora para realizar la actividad principal del día. Las escuelas procuran que los niños y niñas tengan experiencias tan variadas como sea posible a lo largo del curso. El equipo de tutoras paralelas, compuesto por las educadoras que trabajan con grupos de la misma edad, organizan un calendario, que puede ser mensual, donde programan actividades de todo tipo. Las propuestas van cambiando según las competencias que desarrollar, las prioridades naturales que marca cada época del año y, por supuesto, el nivel de aprendizaje y autonomía que van adquiriendo los niños y niñas.

Algunas mañanas se juega con la plastilina haciendo formas con los utensilios que tienen: cogen la masa entre las manos, la estiran, hacen una bola, la cortan, dibujan una forma con el molde o el cuchillo de plástico, la deshacen y vuelven a empezar. Un aprendizaje complejo que mezcla la psicomotricidad fina, el lenguaje plástico, la conservación y la transformación de los materiales y la observación mutua. Otras mañanas la actividad se realiza en el patio, a veces plantan o recogen alguna cosa del huerto, pero también pueden salir a observar el entorno, los cambios de las plantas, las nubes del cielo o el ruido de la ciudad. Se contempla, se da nombre a las cosas y se habla de todo ello. La música también ocupa un lugar importante entre las actividades centrales del día. Escuchan con atención y participan en talleres: cantan, saltan, bailan y tocan algún instrumento al ritmo de las canciones. De hecho, cada día se convierte en una experiencia comunicativa y un aprendizaje lingüístico: conocer nuevas palabras, afinar la capacidad de escucha y, sobre todo, aprender a expresar lo que cada niño y cada niña piensa y siente. Siempre se hace lengua. En ocasiones, estas actividades están más centradas en las emociones, un buen ejemplo es la exploración de dominarlas. Hay un juego que permite que los más pequeños observen las caras dibujadas en unas fichas, las identifiquen y piensen cuál sienten más próxima ese día –si están contentos, tristes, sorprendidos…– y por qué motivo lo están. Otros juegos son matemáticos: la educadora coloca material en la mesa –anillas, monedas, cubos o pequeños muñecos de madera– y la actividad consiste en dejar que los niños y niñas jueguen de manera libre. No hay duda de que podemos afirmar que jugando hacen matemáticas, porque aprenden a clasificar, ordenar, contar, representar, relacionar, buscar estrategias y compartirlo con los otros participantes en el juego. Estos son algunos

El juego de los minimundos

ejemplos de las muchas actividades que se llevan a cabo en las escuelas infantiles 0-3.

Como veremos en todas y cada una de las escenas, las actividades están orientadas a la adquisición de las competencias y conocimientos. Pero cabe destacar que cada una de estas actividades está impregnada de valores. Los valores están muy presentes en la escuela, forman parte de nuestro día a día, pero muchas veces pueden pasar desapercibidos. A través de las actividades podemos trabajar con los niños y niñas la empatía, la escucha, la cooperación o la justicia. La tarea educativa es identificarlos e ir potenciando las conductas de valores de los niños y niñas porque, cada vez que tengan una experiencia positiva de valores, tendrán ganas de volver a repetirlo.

Cada día las educadoras se encargan de adaptar la propuesta educativa según lo que pretenden trabajar, evitando la repetición sistemática y haciendo que los niños y niñas tengan la mayor variedad de experiencias de aprendizajes.

Dos horas en una escuela infantil 0-3 pasan muy rápido, pero es suficiente para hacer muchas cosas. Cada instante está impregnado de valores y de

voluntad educativa. Todo lo que se hace tiene una intencionalidad pedagógica, se busca que los niños y niñas aprendan conductas y valores.

Hacemos zumo de naranja

EDUCADORA: Hoy haremos zumo con estas naranjas, las partiré por la mitad y
daré un trozo a cada uno –dice enseñándolas–. Y después nos lo podremos beber.

Reparte una mitad a cada uno, empiezan examinándola con minuciosidad, la
huelen y algunos se atreven a probarlas. Después reparte los exprimidores,
explica qué son y, por último, entrega los vasos donde pondrán el zumo para
bebérselo.

Empieza explicando los pasos lentamente mientras hace ella misma una de-
mostración. Enseguida intentan probarlo. Inés aprieta tan fuerte como puede
la naranja contra el exprimidor, pero no consigue que salga el jugo. Lo vuelve
a probar, mira bien el exprimidor y, sin éxito, mira a la educadora y le dice
que no lo consigue.

EDUCADORA: Lo estás haciendo muy bien. Tienes que coger la naranja con una
mano y girarla –explica, al tiempo que pone la mano encima de la de la
niña y, juntas, hacen el movimiento de exprimir y girar. Acto seguido, la niña
continúa sola y comprueba que sale el zumo que podrá beberse.

Los espacios de taller son actividades dirigidas que desarrollan las educadoras con una clara intencionalidad pedagógica para trabajar determinadas competencias curriculares. Estas actividades se llevan a cabo
con el objetivo de que el alumnado ponga en práctica conocimientos,
procedimientos y valores. Las educadoras adoptan una intervención más
activa haciendo de guía y acompañando a los niños y niñas en la realización de la tarea.

La escuela infantil busca que los niños y niñas vivan experiencias prácticas
con elementos naturales, como pueden ser las frutas de temporada. Una
actividad ideal para hacer durante los meses de otoño e invierno que, además, suele ser habitual en el día a día en casa es hacer zumo de naranja.

Los talleres pueden realizarse un día puntual, porque coinciden con un
motivo temporal concreto, o se pueden repetir en diferentes momentos
del curso para favorecer el proceso madurativo y evolutivo de los niños

y niñas, así como promover su autonomía. De esta manera, la repetición hace que los niños y niñas conozcan su funcionamiento, recuerden lo que hicieron en sesiones anteriores y cada vez necesiten menos acompañamiento adulto para realizar la tarea.

Durante los talleres se desarrolla una doble acción educativa: por un lado, un proceso de ensayo y error para lograr la complejidad de la tarea propuesta y, por otro lado, se generan conflictos que se convierten en magníficas oportunidades de vivir experiencias educativas sociomorales. Y es que en los talleres no solo importan los aprendizajes curriculares que se llevan a cabo, ya que se dan las condiciones para que aparecen múltiples relaciones cara a cara, tanto entre iguales como con la educadora. Son una oportunidad excelente para trabajar aprendizajes personales y de valores.

En el ejemplo vemos que hacer zumo tiene que ver con desarrollar competencias psicomotrices: exprimir y girar la naranja para conseguir que salga el jugo de la fruta. Y esto se aprende a través de la práctica, la repetición y la imitación. Pero también tiene que ver con aprender sobre alimentación saludable y el beneficio de comer fruta o con el inicio de conceptos matemáticos como la fruta entera y la mitad, conceptos que todavía son muy complejos pero que irán adquiriendo poco a poco.

Todo ello nos lleva a un aprendizaje que vemos transversal a lo largo de la educación infantil: la autonomía. Al principio la educadora deja que prueben solos y, si aparecen complicaciones, proporciona ayuda gradual. Este ejercicio fomenta la concentración en la realización de una acción concreta a partir de la cual obtendrán un beneficio: beber zumo de naranja. Con esto también estamos desarrollando la autoestima, porque se les implica y responsabiliza en la tarea de exprimir el zumo, así, después lo podrán beber. En estas edades la autoestima empieza por la confianza y seguridad en la realización de determinadas tareas.

Piezas, experimentación y autorregulación

Mohamed está en el espacio de experimentación. El niño tiene una cesta que va llenando con objetos que encuentra encima de la mesa. Una vez la tiene llena, distribuye el material en un orden creado por él. Ariadna está cerca y, de repente, mete la mano en la cesta y coge una de las piezas. El niño le grita diciéndole que no se lo quite, nervioso; intenta recuperarla, pero no llega. Yassin, que está entre los dos, reacciona rápidamente y, con mucho cuidado, coge la pieza que tiene en la mano Ariadna y le dice que no le gusta que haga eso. Ella se queda quieta, no impide que tome la pieza, pero se cruza de brazos y baja la cabeza, esquivando la mirada. Yassin mira la mesa y toma una de las pinzas con las que él mismo estaba jugando; con una sonrisa, se la ofrece a Ariadna, pero ella no la quiere aceptar. Insiste un poco más, ambos se miran y Ariadna, finalmente, acepta la pinza para continuar jugando.

Una metodología utilizada en las escuelas infantiles es la de espacios abiertos o ambientes. Estos se organizan de manera que, en una sala grande, hay diferentes espacios con una educadora que dinamiza la actividad y acompaña a los niños y niñas en el desarrollo de las competencias que se pretenden trabajar. Esta metodología en ocasiones se lleva a cabo con niños y niñas de diferentes edades: así permite que haya más espacios y también tengan experiencias de relación entre mayores y pequeños. Gracias a esta organización, los niños y niñas pueden escoger qué quieren hacer dependiendo del momento. El hecho de que los grupos sean heterogéneos y cambien de ambiente según sus preferencias hace que,

Jugamos y experimentamos la autorregulación

a veces, se desarrolle la cooperación por imitación. Además, trabajar en pequeño grupo favorece que se atienden las necesidades de manera más individualizada.

Vemos cómo en la escena estaban manipulando piezas y esto les ha permitido vivir, sin intervención de una persona adulta, una lección moral. Todo ha empezado con un conflicto habitual que se ha convertido en una oportunidad para que un niño hiciera justicia sin alzar la voz, de manera que otro niño ha visto cómo un compañero lo cuidaba, y la que ha quitado la pieza se ha rendido ante una actitud justa de reparación.

Hay situaciones en la escuela, como esta, en la que son los propios niños y niñas implicados en un conflicto los que la resuelven, llegan a un éxito moral sin necesidad de regulación externa. Este tipo de situaciones hace que tengan experiencias positivas que los predispondrán a repetir este tipo de conducta a lo largo de su vida. No siempre todo será tan perfecto e irá tan bien, naturalmente, pero a veces los niños y niñas son los mejores maestros.

El valor de la música

La educadora se sienta en uno de los rincones de la clase con una caja de cartón. Algunos niños y niñas rápidamente se acercan a ella e identifican que es la caja de la música. Esta caja la ha elaborado la educadora como un cancionero compuesto por cajas de diferentes medidas, cada una incluye un objeto diferente que representa una canción conocida por los niños y niñas.
Coge una de las cajitas que tiene una espiral de color amarillo dibujada en la tapa. La mueve de manera que el objeto que contiene hace ruido cuando choca con las paredes y les pregunta qué es señalando la espiral.
Niño: ¡Un sol!
Educadora: David dice que es un sol, vamos a ver si tiene razón. —La educadora quita la tapa y coge el objeto del interior—. Muy bien, es un sol. Y ¿cómo es su canción?
La educadora empieza a cantar las primeras palabras y, enseguida, los niños y niñas la imitan y siguen la canción «Sol solecito».

Es muy habitual presenciar situaciones donde la música es la gran protagonista dentro de las escuelas. En todas las etapas educativas, la música es una competencia curricular básica. En las escuelas infantiles toma un papel especialmente relevante, la música es un instrumento de expresión cultural y de valores que se comparte con los otros.

La actividad de música que ha preparado la educadora alrededor de la caja es una buena herramienta para trabajarla de manera tranquila, jugar a hacer relaciones y aprender a memorizarlas. Observamos cómo un mismo objetivo puede acabar llevándonos a la misma canción. Saber codificar que el objeto pertenece a una canción concreta es una tarea complicada para los más pequeños; por eso la educadora va dando algunas pistas animándolos a que sean ellos mismos quienes descubran la canción y canten.

Los beneficios de la música son múltiples, en una escena tan frecuente como esta vemos que los niños y niñas aprenden a comunicarse entre ellos, facilita la expresión, la adquisición de nuevo vocabulario y favorece que se desarrollen habilidades sociales. Cantando aprendemos a vocalizar palabras, a seguir el ritmo y a realizar distintos movimientos, es un instrumento de expresión oral y corporal. Cuando un grupo de niños y niñas cantan juntos se siente como una unidad que sigue el mismo ritmo y se deja fluir. Este es un mecanismo cultural que, a través de la interacción, va forjando la relación con los otros.

Primeros pasos en la escalada

En la zona de arena del patio hay un módulo grande de madera en forma de cubo que tiene muchas utilidades. Entre sus múltiples opciones, los niños y niñas lo utilizan para trepar.

Nuria se sitúa delante de la estructura, mira cómo sus compañeros y compañeras suben por las cuerdas y, después de pensar durante unos segundos, decide subir también. Primero coge una cuerda con la mano derecha, después otra con la izquierda, duda sobre dónde colocar los pies, así que se asegura de que sea estable y empiezan sus primeros pasos en la escalada. Consigue llegar arriba, pero al darse cuenta de la distancia que hay hasta el suelo, empieza a llorar. Cuando la educadora la escucha se acerca y, con tono afectivo, la calma diciéndole que no pasa nada y que, si no sabe bajar, no debería subir. La niña continúa llorando, intentando agarrarse del cuello a la educadora que le explica que no se caerá porque ella está allí para ayudarla. Le anima a que intente bajar, indicándole cómo hacerlo, pero la niña le dice que no quiere bajar sola. Finalmente, la educadora, ante la inseguridad de la niña, la coge en brazos y ella la abraza respirando con calma.

Neil, que ha observado la situación, se acerca y le dice a la educadora que él lo ha conseguido. Entablan una conversación los tres sobre la experiencia vivida. Neil, mirando con una sonrisa a su compañera, le dice que seguro que la próxima vez lo logrará.

Uno de los espacios principales de las escuelas infantiles 0-3 es el patio, un ambiente natural que potencia el juego libre. El patio supone la extensión de los espacios cerrados y es una fuente de estímulos que permite a los más pequeños estar en contacto directo con elementos naturales de su entorno. En diferentes momentos del día, el patio se convierte en el espacio de actividad principal.

El cubo de escalada

Las actividades que se desarrollan en el patio, en su gran mayoría, son de juego libre. Los niños y niñas son los que deciden y definen qué harán y con quién lo harán. El patio está compuesto por un conjunto de actividades libres que no están predefinidas por las educadoras, aunque sí están enriquecidas por la oferta educativa y la variedad de materiales didácticos que proporcionan. En este sentido, el uso del material es libre en la medida que los niños y niñas pueden decidir el tipo de juego y actividad que realizarán. Aunque cabe destacar que, en algunos casos, las educadoras tienen un calendario del material que ofrecen cada día, para procurar que a lo largo de la semana tengan experiencias diferentes.

Las posibilidades de juego son múltiples y, generalmente, están orientadas al juego simbólico y social, la exploración psicomotriz y la experimentación sensorial. El espacio abierto permite que puedan desarrollar competencias motrices al mismo tiempo que conocen, imitan y desarrollan capacidades simbólicas y sociales.

El rol de la educadora en este tipo de prácticas educativas es el de observar las actividades, actuando en el momento en el cual recibe una petición o cuando considera que es necesaria su intervención por las características del juego o los roles que se están desarrollando.

El hecho de estar en un espacio abierto y libre multiplica las relaciones interpersonales entre los niños y niñas y esto desencadena frecuentes situaciones de conflictos de valores. En la medida que este es un espacio libre donde las actividades pueden ser menos pautadas, da pie a que se trabaje la relación entre iguales sin la intervención adulta. Y esto es una gran oportunidad para que niños y niñas se relacionen entre sí y desarrollen su personalidad moral.

La fiesta de invierno

La cantata de Navidad es una de las primeras actividades del curso en la que participan las familias. Para organizarla se crea un grupo de trabajo conjunto entre educadoras y familias, que se reúnen varios días para preparar la actuación. Ensayan las canciones, tratan de utilizar algún instrumento, preparan la coreografía y, además, se lo pasan bien y comparten un café. Es un momento de aproximación que sirve para establecer un vínculo entre las familias y las educadoras.

Las fiestas son una manera de celebrar y disfrutar colectivamente de momentos significativos. Hemos visto que, a menudo, las escuelas dedican jornadas a celebrar fiestas que se salen de la rutina del día a día, con la intención de conseguir objetivos educativos y convertirlos en momentos de educación en valores que sean significativos para los niños y niñas.

Las fiestas se programan, organizan y llevan a cabo para que los niños y niñas tengan diferentes experiencias de valor, muchas veces relacionadas con la tradición cultural. Algunas fiestas pueden estar marcadas por el cambio de las estaciones, como en el caso de la celebración de invierno, que puede depender del lugar donde estemos. Por ejemplo, en el País Vasco celebraremos el Olentzero, en Cataluña el Tió y en Galicia cantaremos *panxoliñas*. Pero lo que es seguro es que todos compartiremos un momento especial que nos llevará al cierre del primer trimestre.

Estas fiestas se configuran como espacios abiertos a toda la comunidad educativa y se invita a las familias a compartir momentos lúdicos con los más pequeños. El hecho de que las familias formen parte de las fiestas provoca que se conecte la educación de los más pequeños en todos los ámbitos educativos, así como fomenta la relación de confianza entre el centro y la familia. Hay escuelas que aprovechan para organizar una cantata de Navidad, como un medio para que educadoras y familias preparen juntos una actuación para toda la comunidad educativa. Este hecho favorece que se conozcan en un ambiente más relajado, que hablen y compartan experiencias. Además, favorece que los niños y niñas sientan que las familias forman parte de su vida en la escuela.

Decorando la mesa de Navidad

En este sentido, las fiestas son oportunidades privilegiadas para vivir momentos de educación en valores de manera vivencial y con carácter motivador, implicando a las familias y favoreciendo el sentido de pertenencia y comunidad.

¿Qué debemos tener en cuenta las educadoras cuando diseñamos actividades?

- Todas las actividades están marcadas por una clara intencionalidad pedagógica. Debemos definir los objetivos que pretendemos trabajar.
- Las educadoras deben estar atentas a las conductas y valores que manifiestan los niños y niñas, para así regularlos o reforzarlos de acuerdo con las pautas culturales.
- Para fomentar la autonomía de los niños y niñas podemos ofrecer espacios en los que ellos mismos sean quienes resuelven los retos que surgen en el día a día.

Clases de educación en valores

Cuando hablamos de valores nos referimos a aquellas ideas que orientan nuestra vida y las de los otros para que sea mejor. Las experiencias de valores en la escuela infantil conforman a los niños y niñas a nivel individual y colectivo.

A lo largo de los ejemplos estamos viendo que la relación entre iguales es un elemento clave. Podemos afirmar que la unidad mínima de aprendizaje de valores son los encuentros morales entre iguales. Los niños y niñas en la escuela infantil viven experiencias de relación con sus compañeros y compañeras en espacios breves de tiempo, pero que se repiten con mucha frecuencia.

A veces los niños y niñas son los protagonistas, otras veces simplemente las observan y algunas otras les pasan desapercibidas. Sea como sea, viven en primera persona o contemplan una buena cantidad de experiencias relacionales que se pueden convertir en conflictos de valor o retos morales que deben superar. El papel de las educadoras en estas situaciones podrá ser el de intervenir para regular o reforzar las conductas realizadas por los niños y niñas con la intención de mejorar los procesos de relación según determinados valores. En otras palabras, lo que hace la educadora es poner orden y valor a las acciones y actuaciones que realizan los niños y niñas con sus iguales.

A este tipo de regulación conductual la llamamos educación en valores, aunque solo sea un primer nivel de la educación en valores, ya que se trata de un proceso que durará años y que se dará de formas muy diferentes. Y es que los niños y niñas tienen la oportunidad de repasar a menudo lo que aprenden de estas pequeñas clases de educación en valores y acabarán por fijar sus primeros hábitos morales.

Pero la educación en valores en una escuela no solo pasa por estos momentos de regulación ante una situación de conflicto o reto. También vemos que se da cuando se formulan normas, se habla de acontecimientos de valor o se realiza una explicación a partir de un recurso visual o gráfico.

A continuación veremos diferentes ejemplos de situaciones que se dan en la escuela infantil y que podrían ser claramente una clase de educación en valores.

Encuentro entre iguales

Las palas son herramientas morales

Iván está jugando con tres palas en el arenero mientras que, a su lado, está Eric, que no tiene ninguna. Eric examina rápidamente con la mirada el arenero en busca de una pala, pero no queda ninguna disponible, vuelve a mirar a Iván, que tiene tres, y decide cogerle una y salir corriendo. Iván se echa a llorar y lo persigue, cuando lo atrapa, empiezan a tirar cada uno de un extremo de la pala mientras con la otra mano se dan algunos golpes. La educadora se da cuenta de la situación y se acerca rápidamente a los niños, que todavía están agarrando la pala, se agacha para quedar a su altura y, con calma, les pide que paren y que le expliquen qué ha pasado.

Una vez los dos explican su versión y se aclaran los hechos, la educadora les explica que la escuela no quiere que los niños y niñas se peguen y que no se debe hacer. Cuando aceptan el comentario, se dirige a Iván y le dice que pueden compartir las palas, puede darle una a su compañero y todavía tendrá dos más. El niño le dice que no, que quiere las tres. La educadora le sonríe, le limpia un poco la arena que tiene cerca del ojo y le repite que las palas se tienen que compartir, así habrá para todos y los dos podrán pasárselo bien. Después de unos instantes de espera, el niño lo acepta y los dos se van a jugar al arenero.

Un elemento clave presente en la mayoría de los patios infantiles es el arenero. Este puede ser de muchas medidas, formas o materiales diferentes, pero lo que es seguro es que es una estructura acotada que contiene arena donde los niños y niñas pueden pasar tiempo haciendo castillos, pasteles, puentes y una infinidad de creaciones que, además de fomentar su imaginación, forja la relación entre los compañeros y compañeras.

En una interacción en el arenero, entre dos o más niños, se pueden desarrollar acciones de ayuda y justicia, pero también se puede generar frustración o enfado. La situación que se presenta desencadena un problema de repartición de un bien, las palas, que los niños consideran escaso: un problema humano bien conocido por todos. Cuando un niño o niña se encuentra ante un problema de este tipo tiene dos disposiciones preparadas para actuar: compartir el bien preciado o intentar acapararlo. Si el comportamiento en estas situaciones es acaparar el bien deseado, las educadoras, que en este caso son las representantes de la cultura moral de la comunidad, intervienen con el objetivo de regular la conducta de la persona acaparadora y conseguir que se dé cuenta de que es preferible compartir.

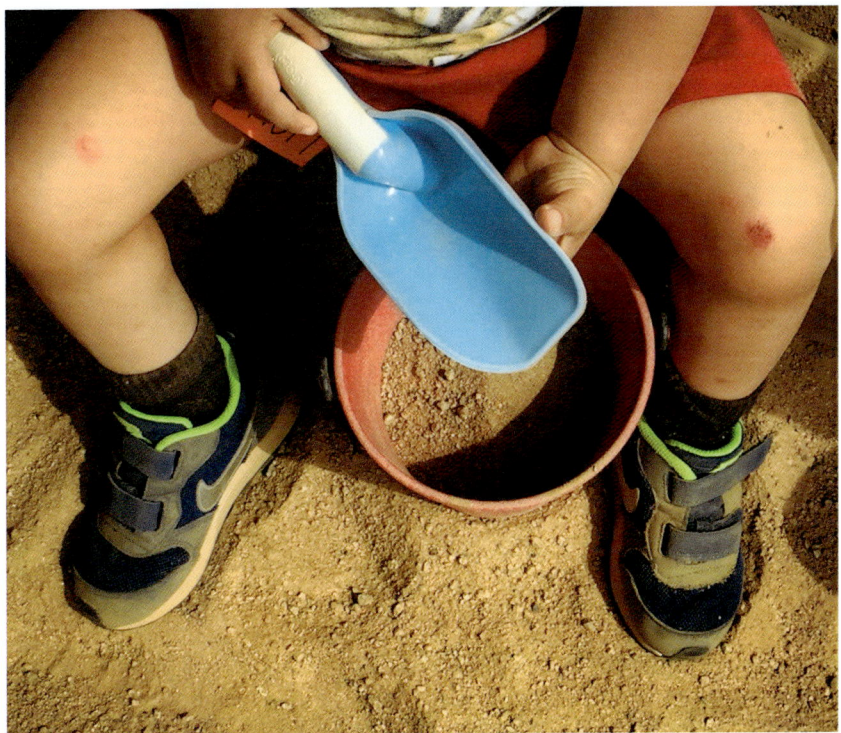

Palas, juego y regulación

En el ejemplo vemos cómo la educadora, cuando llega a la situación, antes de decidir la manera en que resolverá el conflicto, primero quiere conocer cuál es el motivo que lo ha desencadenado. Este paso tiene un doble objetivo: conocer qué ha pasado y darles un espacio a cada niño para que expliquen su punto de vista y escuchen el de su interlocutor. Es importante aclarar los hechos y las motivaciones de cada parte para que todos conozcan exactamente la situación y así poder hacer una intervención más ajustada. A partir de aquí, ella decide anunciar una norma de la escuela, no deben pegarse, y explicar el valor de compartir a Iván. Al principio se encuentra con una negativa del niño, porque quiere continuar acaparando las tres. Ella decide volver a formular el valor, utilizando una explicación diferente, hasta que consigue que el niño se dé cuenta de la parte positiva y lo acepte por interés propio. Esta manera de explicar y trabajar los valores es totalmente libre y en ningún momento la educadora obliga al niño a aceptarlo, sino que lo explica de una manera clara y comprensible para que al final sea él mismo quien decida. La repetición frecuente de este tipo de situaciones y la regulación que hace la educadora va formando la personalidad moral de los niños y niñas.

El agua del río se acaba

Sara y Nico han acabado de beber agua de la pila y ya llevan mucho tiempo jugando cuando la educadora se acerca, se coloca entre los dos a su misma altura y les dice:

EDUCADORA: No debemos jugar con el agua, porque si no el agua del río se acaba.

Los dos niños se quedan quietos mirando a la educadora en silencio, solo se escucha correr el agua. La educadora cierra el grifo y continúa:

EDUCADORA: Ya sabéis que en los ríos hay agua. El agua que llega a la escuela viene de muy lejos, de los ríos, y si jugamos con ella puede que se acabe. –La educadora se queda en silencio unos segundos y sigue–: en la escuela, como en casa, todos debemos preocuparnos por el agua y no tirarla.

Hemos visto que el arenero es un elemento clave en los patios, pero dentro de las aulas la pila es otro elemento igual de importante. Parece que tiene un imán que atrae a los niños y niñas y, si nos fijamos, el ir y venir hacia el agua es muy frecuente. Generalmente las aulas cuentan con una pila alargada, que está a la altura de los niños y niñas y tiene uno o varios grifos que ellos mismos pueden manejar. Cada vez que tienen que practicar hábitos de higiene o tienen sed y quieren beber, se acercan con la intención de conseguir su objetivo. Pero el agua también llama la atención de los más pequeños y puede convertirse en un elemento de juego. En el ejemplo vemos cómo una situación cotidiana, beber agua, se transforma en un espacio de relación entre dos niños; la educadora tiene que intervenir para cerrar el grifo y enunciar la norma relativa a evitar malgastar agua, porque esta se había convertido en el instrumento de juego. Las educadoras tienen presente en su día a día tanto las normas convencionales como las normas morales, pero no las explican hasta que hacen falta, cuando surge un hecho que pide su aplicación. En este caso, cuando la educadora formula la norma, puede que sea la primera vez que es pronunciada y que los implicados la desconozcan. Así, decimos que las normas se activan en el proceso de ser utilizadas: se aprenden a partir de la experiencia y su aplicación.

En la escuela hay normas que vienen dadas por la administración y otras que formula el equipo educativo según lo que quiere conseguir y transmitir a los niños y niñas; pero, además, cada educadora termina definiendo las normas que considere convenientes para regular la vida de su grupo.

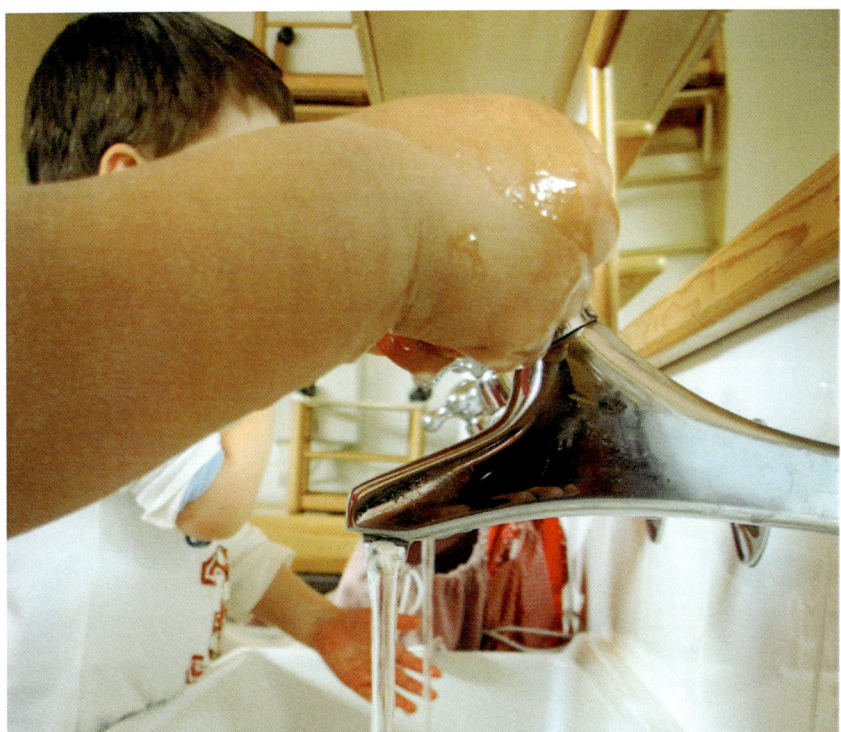

Aprendiendo normas con el agua

Se siguen muchas normas en una escuela, algunas de manera implícita, que nunca se acaban de formular, y otras muy explícitas, que se repiten y recuerdan en diversas ocasiones. La norma de no malgastar agua es un claro ejemplo de estas últimas y es importante porque regula el cuidado del medioambiente. Otra norma que es habitual escuchar en las escuelas es la del respeto del material de los otros. Todos tienen su vaso, su chaqueta, su manta y su bolsa. Cada uno conoce su material y debe cuidarlo igual que debe procurar no dañar el de los otros. Seguramente sea de las normas que se recuerda más veces al día. En esta línea, podemos afirmar que las normas encarnan valores, como por ejemplo el respeto a los otros, el cuidado del medioambiente o el orden.

Cuando las normas son necesarias y se formulan, pasan a formar parte de la vida del aula. Cada vez que surge un problema, la educadora aprovecha para recordar la norma que regula esa conducta y, poco a poco, los niños y niñas las irán adoptando. Llegará un momento en el que serán ellos mismos quienes se las recordarán unos a los otros. Entonces podremos decir que las normas tienen sentido para el grupo.

Nuestra propia cocina

Eric encuentra dentro de uno de los armarios de la cocinita un bote de plástico, coge una cuchara, la pone dentro del bote, remueve con cuidado el líquido imaginario que contiene y da por preparado un vaso de no sabemos qué. Se gira y ve que la educadora está sentada:

Niño: Mira, un café caliente –le dice ofreciéndole el vaso.

Educadora: Gracias, un café caliente para este frío –le contesta con una sonrisa.

Niño: Pero sopla, ¡sopla fuerte! –le dice con énfasis viendo que está a punto de beber.

Educadora: Uy, sí que quema –confirma, haciendo el gesto de que se ha quemado la lengua.

Niño: Tienes que soplar –le dice señalando la cocinita, indicando que acaba de prepararlo.

Las aulas de educación infantil están organizadas, generalmente, en diferentes rincones. El espacio está pensado para facilitar que los niños y niñas escojan libremente lo que quieren hacer según sus necesidades y preferencias. Las educadoras procuran que los materiales educativos sean variados, seguros y tan bonitos como sea posible. En algunas ocasiones se sigue un sistema de rotación de los rincones que puede ser mensual, bimensual o trimestral para favorecer que a lo largo del curso los niños y niñas experimenten el máximo de experiencias. La cocinita es uno de los rincones idóneos para desarrollar aprendizajes vivenciales que permitirán a los más pequeños conocerse y entender el mundo que los rodea.

En el ejemplo, a partir de una situación cotidiana se ha puesto en marcha un episodio de juego simbólico y maternal. El niño ha reproducido una acción que ha observado en casa y en la escuela –una persona adulta ofreciendo cuidados a una persona con menos destreza–, pero además se ha puesto en el lugar del otro, ha representado un papel que no es el suyo habitual y se ha visto reflejado en la acción que desarrollaba la educadora. Los roles se han intercambiado, el niño es quien ha cuidado de la educadora, anticipando sus necesidades y ofreciéndole aquello que cree que le gustará.

Este aprendizaje se inicia, aproximadamente, hacia los dos años como una continuación del juego imitativo. Desde bien pequeños imitan las acciones de los adultos de referencia. El juego imitativo lo que hace es reproducir una acción que han visto realizar a algún adulto. Cuando empiezan a desarrollar el juego simbólico, los objetos pueden servir para representar lo que en realidad no son: un bote de plástico puede ser un vaso de café caliente. Además, cuando el simbolismo atrapa a las personas, entramos en el juego de intercambio de roles: el niño hace lo propio del adulto y el adulto adopta el rol de niño. Así, el más pequeño aprenderá a ser otra persona y a realizar comportamientos propios de este otro rol social. Poco a poco el juego ayuda a desarrollar las capacidades cognitivas y de relación social.

Una pluma perdida

Nuria se encuentra en el patio un objeto que no es habitual en la escuela, se agacha al suelo para verla y, al reconocerla, grita en voz alta que es una pluma. David, cuando escucha a su compañera, se acerca sigilosamente y ambos la observan. La educadora también se une y, mirando la pluma, les pregunta de qué animal es. Durante unos minutos hablan de pájaros, palomas, de volar y se preguntan cómo habrá llegado hasta la escuela. Cada vez se van uniendo más niños y niñas a la conversación.

La educadora, con la pluma en la mano, aprovecha para trabajar contenido curricular y les pregunta si es suave o dura. Los niños y niñas la acarician, se hacen cosquillas entre sí y experimentan con un material natural al mismo tiempo que identifican qué significa «suave». Al acabar, la educadora les explica que se tienen que lavar las manos porque la han cogido del suelo. Niños, niñas y educadora entran en la clase y se lavan las manos mientras sigue la conversación.

Las ocasiones imprevistas que surgen en la escuela son momentos únicos y especiales que no están programados ni son rutinarios en la jornada escolar. Se trata de momentos inesperados que la educadora aprovecha para convertirlos en situaciones educativas, pero que fácilmente podrían pasar desapercibidas.

En el momento en que surge una ocasión especial, se detiene la actividad que se está llevando a cabo para dar énfasis y dialogar sobre el tema que se ha desencadenado. En el ejemplo vemos cómo una pluma que llega al patio provoca que niños y niñas dejen su juego libre y se acerquen para comprobar qué está explicando la educadora. La finalidad es focalizar la acción educativa en un momento único surgido de las necesidades e

Juego libre en el patio

inquietudes de los más pequeños. En diferentes ocasiones pueden surgir situaciones inesperadas que hagan al grupo reflexionar conjuntamente y abrir espacios de diálogo sobre la temática de interés que no estaban previstos. Una clase de educación en valores imprevista, improvisada y espontánea que las educadoras aprovechan de manera creativa.

Alrededor de la pluma vemos que han vivido experiencias nuevas, han tenido una conversación y han aprendido. La educadora ha sabido llevar al currículo un detalle casual y de poca importancia. Ha sabido aprovechar una ocasión cotidiana y la ha convertido en un momento especial de aprendizaje. Un aprendizaje que es vivencial y significativo para los más pequeños. Las ocasiones imprevistas suponen experiencias morales con una gran riqueza educativa que, generalmente, son irrepetibles y las convierte en un momento motivador.

La hora del cuento

A lo largo del curso es habitual escuchar a las educadoras contando cuentos a los más pequeños. Contar cuentos infantiles, volver a repetirlos, compartir las emociones que generan, representarlos y hablar de todo lo que sea posible es una verdadera máquina de enseñar un poco de todo. Se trabaja el lenguaje, la comunicación y la competencia por entender el desarrollo de una narración, por lo que ayudan a ordenar la experiencia. Pero también ayudan a identificarse con los personajes, ponerse en su piel y reconocer emociones. Los cuentos infantiles desarrollan la imaginación y la fantasía, pero al mismo tiempo acercan a los niños y niñas a las costumbres, los hábitos y las tradiciones de una comunidad. Y es probable que, por encima de todo esto, los cuentos muestren ciertos valores. Desde siempre hemos visto cuentos que plantean una situación complicada ante la cual algunos personajes encarnan conductas negativas y otros positivas, estos últimos pasan por diferentes peripecias hasta que finalmente acaban derrotando el mal. El esfuerzo y los valores salen ganadores. Todos sabemos que la vida no es exactamente así, pero en esta edad es importante mostrar cuáles son las conductas valiosas y cuáles las negativas, y que vean también que con perseverancia la bondad gana. Podemos afirmar que los cuentos son un depósito de valores y de esperanza. Cuando sean mayores ya aprenderán que no todo es bueno ni malo, pero de momento aprenderán a distinguir una cosa de la otra.

Reflexionar a partir de una situación habitual a través del cuento hace que los niños y niñas se vean reflejados en la historia, los protagonistas y los sentimientos que generan, al mismo tiempo que ponen en práctica la empatía y adquieren un aprendizaje más significativo. Así, podemos decir que explicar cuentos es una clase de educación en valores.

El cuento como una estrategia de regulación

¿Podemos hacer clases de educación en valores en la escuela infantil?

◆ La educación en valores se vive en el día a día de la escuela, pero el equipo educativo debe dedicar espacios concretos a hablar y trabajar valores con los más pequeños.

◆ La relación entre iguales puede generar retos y conflictos morales. Las educadoras deben regular e intervenir en los conflictos morales como una estrategia de enseñanza de valores.

◆ Para sacar el máximo partido formativo a los materiales y herramientas que tenemos en las escuelas, es recomendable ofrecerlos de manera dosificada a lo largo del curso.

◆ Las normas se adquieren a partir de la práctica, no únicamente el conocimiento. Es importante definir las normas y compartirlas en el momento que se desencadena su incumplimiento para que así su adquisición sea significativa.

◆ Debemos estar atentas a las ocasiones imprevistas que surgen y aprovecharlas para trabajar competencias y capacidades a partir de la motivación del alumnado.

◆ El cuento es una herramienta de educación en valores idónea a través de la cual los niños y niñas desarrollan la imaginación, la creatividad y la empatía.

◆ No existen clases de educación en valores, sino que debemos ser conscientes de que todos los momentos están impregnados de valores y tener la capacidad de aprovecharlos.

Emociones y relación

Las emociones tienen una estrecha relación con la moral en la medida que refuerzan comportamientos de la persona. Las personas estamos constantemente experimentando emociones, pero casi no nos fijamos ni reflexionamos sobre cómo nos sentimos o cómo nos influyen en nuestra manera de comportarnos.

La vida cotidiana está marcada por muchas emociones y cada persona las vive de manera subjetiva, dependiendo de su experiencia y valoración. Hay emociones como el miedo, la tristeza, la alegría o la sorpresa que están presentes en la vida diaria de los más pequeños, pero que no calificaremos como emociones morales. Si nos centramos en los dos ámbitos de las emociones morales: las positivas son aquellas que tienden a reforzar positivamente un comportamiento determinado y las negativas tienden a inhibir un comportamiento preciso.

Hemos visto algunas emociones morales, como por ejemplo cuando un niño o niña consigue hacer una acción por sí mismo y la educadora le felicita. Aquí se genera un sentimiento de orgullo y satisfacción que influye directamente de manera positiva en su autoestima. Pero también hemos observado situaciones en las que un niño le quita un juguete a otro. En el momento en que la educadora interviene, realiza un refuerzo negativo de su conducta al argumentar por qué no tiene que hacerlo. Estos comentarios pueden desencadenar emociones negativas como la culpa, la vergüenza o el arrepentimiento.

Aquí es importante el papel que juega la educadora, debe conocer y detectar las emociones a tiempo para poder decidir rápidamente cuál será la acción educativa que desarrollar ante cualquier situación que se le presente.

Hablamos de sentimientos

La educadora invita a los niños y niñas a que se sienten a su alrededor y enseña una cesta llena de espejos de plástico redondos:

EDUCADORA: Quien quiera podrá coger un espejo y nos miraremos en él haciendo caras de diferentes emociones. —Varios niños cogen rápidamente alguno de los espejos y empieza el juego—. Ahora haremos como que estamos contentos. —La maestra sonríe mirándose al espejo y enseguida la imitan—. Y ahora que estamos tristes —dice mientras baja las comisuras de los labios en gesto de pena. Durante un rato nombra diferentes emociones que los niños y niñas imitan en los espejos. No hay suficientes espejos para todos, lo que puede convertirse en un problema relacional, pero la maestra enseguida los animará a compartir jugando.

Hay juegos y actividades pensadas para hablar sobre los sentimientos y las emociones con los niños y niñas. Es importante que las personas adultas seamos capaces de trabajar con ellos este tema desde muy pequeños, para que aprendan a poner nombre a sus propios sentimientos y a observar la reacción que tienen en las otras personas.

En el ejemplo observamos cómo vernos reflejados en un espejo y jugar a interpretar emociones se convierte en la principal actividad educativa del día. Es un buen juego para aprender a poner nombre a lo que sentimos,

El dominó de las emociones

al mismo tiempo que nos relacionamos con otras personas. Durante ese rato la clase se ha convertido en un baile de emociones. Los niños y niñas imitan gestos que reconocen en su día a día cuando se relacionan con sus compañeros y compañeras. Reconocer los propios sentimientos y el de los otros es muy importante para el buen desarrollo emocional. Desde bien pequeños es crucial aprender a hablar sobre las emociones, saber identificarlas y verlas reflejadas en las personas que tienen a su alrededor. De esta manera, identifican y aprenden a regular las propias emociones y a empatizar con las emociones de los otros.

Cambiamos el pañal

Lia está jugando, pero la educadora tiene olfato y le pregunta si está cómoda con el pañal o quiere cambiarlo. La niña le confirma que ha hecho caca y juntas se dirigen hacia el cambiador. Una vez allí, la educadora se pone los guantes y le explica con detalle todas las acciones que va realizando: primero quita la ropa y el pañal, que tira a la basura, después con las toallitas la limpia, le pone crema y llega el momento de poner el nuevo pañal. Sube las piernas de la niña, pasa el pañal por la espalda y le pide que ella se coja de los laterales. La niña aguanta las cintas y, una vez está bien colocado, puede pegarlo con más facilidad. Cuando ya está limpia, es momento de vestirse. La educadora aprovecha para reconocerle el esfuerzo y dedicar unos instantes a hablar con la niña.

Con esta acción tan habitual en el día a día de una escuela, la educadora pone en marcha dos dinamismos educativos de relieve. Por un lado, da la máxima responsabilidad y autonomía posible a la niña durante la acción. Cambiar el pañal puede ser una tarea automatizada hecha a gran velocidad por las educadoras, cambian un gran número de pañales y conocen la técnica a la perfección. Pero no se trata de ir de prisa, sino de convertir un momento habitual en una oportunidad educativa. Hay que otorgarle la importancia que se merece a este momento y aprovecharlo para pedir ayuda a los niños y niñas para que se responsabilicen y se impliquen en la higiene personal. El niño o la niña no es un actor pasivo, sino que debe ser activo en el cuidado de sí mismo.

El otro dinamismo que activa el cambio de pañal es la relación personal con la educadora. Siempre que sea posible, y lo es bastante a menudo, se aprovecha este espacio para dedicar un momento individual al niño o niña que está cambiando. En cierta manera, es un momento muy íntimo y, por lo tanto, hay que respetarlo e ir explicándoles las acciones que se realizan. Estos momentos en los cuales el niño o niña pasa a ser protagonista y tiene un espacio de relación personal con la educadora son encuentros morales. A lo largo del día suceden innumerables encuentros. De hecho, debemos intentar tener estos momentos con cada uno de los niños

Fomentando la autonomía

y niñas para que cada día se sientan singulares y reciban una atención directa por parte de su adulto de referencia. A menudo estas experiencias están relacionadas con los pañales y la higiene personal, pero también se dan en los momentos de juego, en las llegadas y salidas o durante el desarrollo de las rutinas. Sea como sea, al final del día todos tienen una experiencia similar con la educadora que los acerca y genera una relación de confianza y afecto mutuo.

El balancín, un dispositivo moral

Mateo se sube a uno de los extremos del balancín. Está unos instantes quieto buscando la mirada cómplice de algún compañero de juego cuando una compañera se acerca. Nidia se sitúa al otro extremo, coge el manillar y da un saltito para quedar sentada en su sitio. Los dos se miran, sonríen y empieza el baile de subir y bajar.

En la escuela no se saca todo el material a inicio de curso, sino que las educadoras van ofreciendo diferentes juegos y materiales en función de la maduración de los niños y niñas. Además, se espacian las novedades a lo largo del curso para conseguir que las usen todas y puedan sacar el máximo valor formativo que aportan.

El balancín es un instrumento lúdico que está formado por una gran barra larga que a cada extremo tiene un sillín donde sentarse. Su uso consiste en que a cada extremo se suba un niño o niña y, tocando los pies en el suelo, empujen hacia arriba y hacia abajo las piernas para que se mueva. Ese ir y venir resulta divertido, y las capacidades motrices y morales que pone en juego lo convierten en un instrumento didáctico de relieve en la escuela.

Entre los dos y tres años podemos decir que aprenden a usar con agilidad el balancín y, durante el resto de su vida, podrá ser un pasatiempo agradable.

Alrededor del balancín se viven momentos de risa, complicidad y alegría. Pero este también puede generar disputas, dificultades para coordinar los movimientos o la imposibilidad de encontrar un compañero de juego. En cualquier caso, las escenas alrededor del balancín son de una falsa sencillez, ya que exige una adquisición motriz y moral importante. Aquí nos fijaremos en la última parte. Un balancín es un dispositivo de uso que obliga a los jugadores a colaborar. Utilizarlo correctamente supone que los implicados estén de acuerdo y enlacen sus acciones para disfrutar del juego con plena satisfacción. Los balancines invitan a colaborar y, poco a poco, ayudan a que esta disposición se convierta en un hábito mental que se pueda aplicar a otras situaciones.

Atención compartida en el columpio

Colaborar implica, en primer lugar, querer hacerlo. Es decir, aceptar implicarse con otra persona en la realización de una tarea conjunta que se quiere emprender y que se espera que sea agradable. Supone también que cada participante contribuya en la acción conjunta y que confíe en que el otro implicado hará lo mismo para conseguir el objetivo común que comparten. En algunos casos se deberá estar preparado para soportar la frustración de no encontrar a ningún compañero o compañera para compartir el juego o que el otro lo abandone precipitadamente.

Si dos personas aceptan jugar, están a mitad de camino, todavía les falta saber coordinar sus acciones. Deben aprender a prestar atención a lo que hace el otro, a esperar el momento de tomar la iniciativa, a enlazar el ritmo de una acción con la otra y a decidir en qué momento parar. Deben conseguir tenerlo todo en la cabeza: la acción del otro y la propia, aquello que los dos están haciendo conjuntamente y, en este caso, la anticipación de la diversión que buscan. Aunque, por encima de todo, aprenden que en muchas ocasiones no se puede jugar si no es colaborando.

Los balancines no son el único dispositivo de colaboración ni probablemente el más importante, pero sí que es un buen inicio en nuestras escuelas.

¿Cuántos somos en clase?

EDUCADORA: ¿Sabéis cuántos niños y niñas somos en la case? –pregunta al grupo. Los niños y niñas se miran, algunos hacen el intento de contestar, pero se lo piensan un rato, otros intentan contar–. Mirad, lo contaremos entre todos y todas. Uno, dos... –dice contando de uno en uno hasta que llega al final–: y diecinueve. Hoy somos diecinueve porque Jan está enfermo, su mamá me ha llamado para decirme que no vendrá porque no se encuentra bien. Algunos se entristecen cuando escuchan la noticia y la educadora aprovecha para explicarles que todos nos ponemos enfermos y que Jan volverá pronto cuando se recupere.

Hablar sobre lo que es importante para los más pequeños y relacionarlo con un aspecto clave como la descubierta matemática es una estrategia de aprendizaje habitual. Cualquier momento es bueno para conversar un rato sobre conceptos matemáticos.

En la escena vemos cómo el hecho de que la educadora vaya contando del uno al veinte hace que se familiaricen con los números cardinales y vayan aprendiendo la secuencia. Pero esta no es la única manera de trabajar los conceptos matemáticos. También puede hacerse en las cajas de experimentación, cuando comen fruta o clasifican materiales. Hay infinidad de actividades y propuestas educativas que las educadoras ponen en práctica para trabajar las matemáticas. Además, con este gesto la educadora también tiene la intención de trabajar la idea de grupo y el sentimiento de pertenencia. Al explicar que hay un niño que está enfermo pone en marcha la empatía: recuerdan algún momento en el cual ellos no se han encontrado bien y tampoco han ido a la escuela.

Cuestión de calcetines y zapatos

Nabil acaba de despertarse de la siesta y, como un autómata, alarga el brazo para coger los zapatos. Cuando los tiene se mira los pies y ve que tiene un calcetín casi fuera, lo estira hacia arriba y a la primera le queda bien puesto. Coge los zapatos y, con poco éxito, intenta ponérselos. Busca con la mirada a la educadora para pedirle ayuda. Ella le mira con complicidad, se acerca, le cambia de posición los zapatos, cada uno en el pie que le corresponde, y espera a que él solo resuelva el reto de manipulación con máxima autonomía. Con nuevas energías vuelve a intentarlo, pero no lo consigue. La situación se alarga unos segundos antes de que entre en escena Sara, que lo ve de lejos y se acerca. Sin decir nada se sienta delante, coge el zapato izquierdo y se lo coloca en el pie correspondiente, Nabil empuja el pie mientras Sara le da golpecitos en la planta para facilitar la entrada. Entre los dos consiguen que se ponga el zapato, después viene el derecho. Al acabar, Sara mira a Nabil y, dándole un abrazo, le dice que lo ha hecho muy bien. Pero, antes de que se vaya, la educadora agradece la ayuda a la niña, que acepta con satisfacción el refuerzo positivo.

En las primeras edades, aprender a ponerse los calcetines y los zapatos es todo un reto. Pero de los retos siempre podemos sacar alguna cosa positiva y, en este caso, resulta que aprender a ponerse los calcetines y los zapatos es una magnífica oportunidad de manifestar valores e ir convirtiéndolos en hábitos y costumbres.

Cuando los niños y niñas se despiertan de la siesta es habitual que se encuentren ante este reto. Un problema que ha permitido a Sara manifes-

Aprendiendo a ponerse los zapatos

tar una conducta valiosa: cuidar y ayudar a un igual. Echar una mano a los compañeros y compañeras cuando se encuentran ante una dificultad expresa un valor fundamental en las relaciones interpersonales. Es un tipo de conducta que, a menudo, manifiestan los más pequeños y que las educadoras refuerzan y animan tanto como pueden. Una buena manera de ir asentando valores como el cuidado, la empatía y el altruismo.

Podemos suponer que, en este caso, Sara ha actuado de manera mimética, ha imitado conductas similares que algún adulto de su entorno ha realizado a ella misma o a otras personas cercanas. En la medida en que la niña se identifica con una persona adulta que aprecia, repite su conducta y la va incorporando en su bagaje cultural. Pero también podemos pensar que Sara ha activado una inclinación natural a ayudar a los iguales que se manifiesta cuando alguien lo necesita. Una tendencia que se concreta en conductas culturales tan sofisticadas como poner unos calcetines y unos zapatos. Si seguimos el ejemplo, observamos que Sara y Nabil centran la atención en el reto de los zapatos, suponemos que, como Sara lo ha vivido anteriormente en su propia piel, entiende que Nabil lo está pasando mal y se deja llevar por su inclinación natural a ayudar a un igual que lo necesita, aunque lo hace a partir de un comportamiento característico de la cultura en la cual están inmersos y están aprendiendo.

Las escuelas infantiles son un buen modelo que proporciona mil ocasiones para que los niños y niñas aprendan a relacionarse de acuerdo a valores: animándolos a adquirir autonomía ante dificultades; dando indicaciones de aquellos aspectos que todavía no pueden asumir solos; reforzando positivamente conductas de ayuda mutua, y poniendo nombre a estas conductas. Un conjunto de acciones educativas que no se deben olvidar y que debemos tener presente cuando estemos ante situaciones similares.

Y llegó el final de curso

El final de curso está marcado por un momento especialmente importante en el desarrollo personal y moral de los niños y niñas. Llevan casi un año compartiendo su día a día con un grupo de iguales y una educadora que se han acabado convirtiendo en su pequeña comunidad, una realidad muy prematura y con un gran recorrido.

A medida que avanza el curso se van produciendo intentos de formar una unidad más grande: un grupo. Las educadoras buscan diferentes momentos del día para hablar del grupo, como puede ser alrededor de la mesa antes de repartir los baberos, donde recuerdan el nombre de todos los niños y niñas, o cuando vuelven del patio, porque cuenta cuántos son en clase (aprovechando para trabajar competencias matemáticas). De esta manera, favorece que los niños y niñas se aprendan el nombre de sus compañeros y vayan conformando una idea de grupo. Los niños y niñas se relacionan entre ellos de manera natural, sin prejuicios ni coacciones por parte de los otros, pero configurar un grupo de veinte personas de la misma edad es un acto complejo que irán desarrollando durante toda su vida escolar. El sentimiento de pertenencia y la idea de grupo empieza en la escuela infantil, pero no se acabará de materializar hasta la escuela de primaria.

Celebramos nuestro cumpleaños

Hoy es en cumpleaños de Lucas. La educadora tiene preparada la corona y, a medida que van llegando los niños y niñas, les explica que es un día especial porque Lucas hace 3 años. La corona está en una de las mesas de la clase y, antes de que llegue el homenajeado, los niños y niñas pueden acercarse a decorarla. La corona es un regalo del conjunto de la clase que se ofrece el día del cumpleaños a cada uno, todos participan y la entregan con cariño.

El curso escolar hemos visto que está lleno de fiestas: las tradicionales que coinciden con el cambio de estaciones; las temáticas como las de la semana del cuento, y las más personales de todas, las fiestas de cumpleaños.

Celebrar el día de tu cumpleaños con las personas que te rodean es motivo de fiesta y disfrute. Las fiestas de cumpleaños son prácticas sociales que la escuela incorpora en su organización. Dar a cada persona protagonismo en su día lo reconoce como parte del colectivo y la comunidad.

Las celebraciones de cumpleaños se convierten en la propuesta educativa de la mañana. La educadora prepara música para que bailen y canten,

Pintando globos para la fiesta de cumpleaños

así se trabaja la psicomotricidad, el ritmo y la expresión; también prepara diferentes materiales para jugar, como hacer pompas de jabón o pintar globos. Crea situaciones en las cuales los niños y niñas deben compartir, relacionarse y ceder, al mismo tiempo que disfrutan y se lo pasan bien. Las fiestas de aniversario son para celebrar, pero también son ocasiones idóneas para trabajar competencias y valores. Además, sirven para individualizar y reconocer a cada niño y niña de la clase. Generalmente, preparan una corona de cartulina que llevará el niño o niña durante el día de su cumpleaños, se avisará a todas las personas de la escuela de su celebración y, además, se compartirá en la libreta de la clase para que todas las familias sepan qué han celebrado ese día. Para todos llegará el día de su cumpleaños y se sentirá reconocido y en estima por el grupo que le acompaña y vive su día a día.

Fin de semana con la mascota de la clase

Como cada lunes, la educadora se sienta en su silla y coge la mascota de la clase. Sara se sienta a su lado con la libreta, es quien ha pasado este fin de semana con ella. Los niños y niñas, cuando las ven, se acercan porque saben lo que toca: dan los buenos días a la mascota y descubren lo que ha hecho el fin de semana. La educadora abre la libreta y va directamente a las páginas que ha rellenado la familia de Sara con fotografías y explicaciones. A medida que la educadora lee y enseña las fotos, la niña, contenta, explica qué han hecho juntas.

Las educadoras trabajan para que, gradualmente, el grupo se vaya definiendo y todos empiecen a identificarse como un conjunto. Hemos visto que las clases se inician determinando su nombre y mascota, y las educadoras hacen un esfuerzo constante de recordarlo y repetirlo diversas veces al día para que lo reconozcan y se acaben sintiendo identificados. Un nombre tan genuino, como puede ser el de un animal, engloba al grupo con la intención de que sientan que forman parte de la colectividad. Para trabajarlo, cada clase tiene, generalmente, una mascota propia a la que saludan, que está presente en el aula y a la que cuidan y con la que juegan; es un proceso que desarrolla el sentimiento de pertenencia y conocimiento mutuo.

El día a día con la mascota de la clase

Además, la mascota también conoce a las familias. Cada viernes se va con un niño o niña de la clase para pasar el fin de semana juntos. Esperan con ganas el día que la mascota va a su casa para presentársela a la familia y jugar con ella. Es habitual que la mascota vaya acompañada de una libreta donde después explicarán lo que han hecho, un cuento que leerán juntos o un cancionero donde se recogen diferentes canciones. Esto conecta lo que hacen en clase con la vida diaria y la familia. Tener a la mascota durante un fin de semana también desarrolla el cuidado y la atención. Y cuando vuelven a clase los lunes por la mañana se convierten en días especiales porque es el momento de que la mascota comparta con el grupo qué ha hecho ese fin de semana. La mascota de la clase es una buena herramienta de comunicación con las familias y los propios niños y niñas. Al llevárselas a casa conviven con un elemento habitual de la clase y, además, en el caso de que compartan sus experiencias en una libreta, las familias también conocen a los otros niños y niñas de la clase a través de las fotografías.

Nuestra primera excursión

Asistir a un concierto en el auditorio es una de las salidas escolares más comunes. Antes de asistir al concierto se hacen diferentes actividades en formato taller: conocen los instrumentos, identifican las canciones y bailan al ritmo de la música. Disfrutar del concierto en otro espacio es valioso tanto si es la primera vez que lo visitan como si ya lo conocen, porque entonces pueden conectar con experiencias previas. También es importante el trabajo posterior de comentar lo que han hecho, relacionar las actividades previas y vincularlo con la propia experiencia.

Las salidas del centro educativo tienen una clara intencionalidad pedagógica, buscan que los niños y niñas vivan experiencias educativas diferentes a las habituales y, así, romper con la cotidianidad durante un periodo breve. Es una oportunidad para conocer diferentes entornos que les permiten adquirir aprendizajes diferentes en la realidad. Además, salir del centro conlleva unas normas de comportamiento y convivencia que pueden ser diferentes a las de la vida del aula. Por ejemplo, antes de salir del centro las educadoras preparan a los niños y niñas y los organizan para que sea más fácil poder desplazarse. Por ejemplo, hay veces que les cuelgan identificaciones con el nombre y el contacto de la escuela o que tienen una cuerda larga a la que se agarran los niños y niñas cuando tienen que moverse de un sitio a otro.

El día de la primera excursión es uno de los más esperados para los niños y niñas. Normalmente se programa a final de curso porque es cuando ya han adquirido mayor autonomía y la relación con las educadoras es de plena confianza. Este tipo de prácticas genera espacios de relación entre iguales y con la educadora que va forjando la relación y convivencia. Las salidas están pensadas para trabajar un aspecto curricular concreto, por lo que a veces hay alguna actividad previa que realizan en el centro y así después, a través de la experiencia, recuerdan lo que han trabajado.

Un paso más hacia la autonomía: dejar el pañal

La educadora invita a los niños y niñas a que hagan pipí mientras cambia a los que tienen pañal. Mar lleva pañal, pero se acerca a la zona de los inodoros, mira con intriga a sus compañeras y se atreve a hacer una primera prueba. La niña se baja los pantalones, se quita el pañal, que tira en la basura, y se sienta en el inodoro. La educadora la observa y la felicita cuando consigue hacer pipí. La niña sonríe orgullosa y la educadora le explica que después de ir al baño tiene que limpiarse. Por la tarde se lo explican juntas a la madre y deciden empezar el periodo de dejar el pañal.

A medida que el curso va llegando al final, se observa una progresión en cuanto a la autonomía de los niños y niñas y ya hemos visto que este es uno de los objetivos principales a lo largo del curso. Las educadoras trabajan para que los niños y niñas adquieran cada vez más autonomía personal, toda la que también necesitarán en la etapa posterior: la escuela infantil 3-6. Uno de los temas principales en la entada a la nueva escuela es el pañal. Unos pocos ya empezaron el curso sin pañal, la mayoría lo va dejando a lo largo del curso, cuando encuentran su momento, y hay otros a los que les cuesta un poco más. Pero al final todos acabarán dejándolo.

Para los niños y niñas y las familias quitarse el pañal es un cambio significativo, para algunos es el hecho de dejar de ser bebés y pasar a ser mayores. Cuando un niño o niña tiene ganas de dejar el pañal libremente sin que ninguna persona adulta se lo proponga, es una oportunidad increíble para animarlo y reconocer su autonomía. Pero dejar el pañal no es nada fácil, es todo un proceso hasta que los niños y niñas se sienten seguros para ello. Podríamos decir que es una de las primeras decisiones importantes que tomarán en su vida, por eso es necesario que tengan acompañamiento adulto y se respete su tiempo y proceso.

La historia que vemos en el ejemplo explica una de las maneras más fáciles de dejar el pañal, pero a veces puede ser más complicado. Hay niños y niñas que, aunque llegue el final de curso, no quieren dejarlo. Invitarlos a hacerlo siempre comporta más dificultades. Normalmente se suele hacer durante los meses de verano, porque si se mojan y hay que cambiar la ropa no pasan frío, pero a veces llega en otros momentos inesperados y se aprovecha.

De la misma manera que dejar el pañal es un progreso en la autonomía, hay otras acciones que también lo son. Ponerse los calcetines y los zapatos, comerse el yogurt con cuchara o ponerse la chaqueta son acciones cotidianas que los adultos hacemos de manera rutinaria y los niños de estas edades están aprendiendo. Y es que, poco a poco, necesitarán menos ayuda adulta para poder desarrollarse en el mundo.

Despedida sin nostalgia

Inés lleva todo el día un poco triste, en casa le han explicado que es el último día y no volverá a ver a la educadora ni a la mayoría de sus amigos y amigas. La niña se acerca a la educadora en diferentes momentos del día para estar con ella. A media tarde suena el telefonillo de la clase y la educadora, mirándola, le dice que la vienen a buscar. La niña se da cuenta de lo que pasa y le dice:

Niña: Mañana no nos veremos.

Educadora: No, ya no nos veremos más –contesta, haciendo énfasis en que no será mañana únicamente.

Niña: Porque iré a la escuela de mayores.

Educadora: Todo irá muy bien, Inés –le explica con tono afectivo.

En ese momento entra el padre, hablan un rato, recoge las cosas de la niña y, cuando lo tienen todo, se acerca a la educadora, que se agacha a su altura, y se despiden:

Niña: Adiós, ya no nos veremos más.

Educadora: Estoy segura de que te gustará mucho la nueva escuela. Y podrás venir a saludarme cuando quieras, estaré muy contenta de verte.

Educadora y niña se abrazan un rato. Inés empieza a entender de qué van las despedidas.

Después de compartir todo un curso escolar, llega el momento de la despedida. Los últimos días se viven situaciones emotivas y bonitas por parte de toda la comunidad educativa. La educadora explica que pronto acabará la escuela, tendrán unos días de vacaciones y después empezarán un nuevo curso en otro centro. Irán a la escuela infantil 3-6, donde coincidirán con algunos compañeros y compañeras de la clase y conocerán a otros niños y niñas y una nueva educadora.

La escuela infantil 0-3 acoge a los niños y niñas hasta los 3 años, por eso a final de curso suelen celebrar una fiesta de despedida donde los protagonistas son los mayores de la escuela. Durante las semanas previas las educadoras preparan la fiesta, a veces se hacen camisetas que decoran los niños y niñas para que se las lleven de recuerdo, otras veces preparan dibujos y en ocasiones realizan una pequeña actuación para enseñar a las familias; cada centro organiza y adapta esta fiesta de cierre de etapa.

El día de la fiesta es un día especial y bonito donde comparten toda la comunidad educativa: niños y niñas, equipo de centro y familias. Es el momento de celebrar el tiempo que han pasado en la escuela, cerrar una etapa y, en cierta manera, dar inicio al siguiente nivel educativo.

A esta edad todavía no se ha adquirido la capacidad de abstracción y no pueden comprender con profundidad nociones como el espacio y el tiempo, por lo que les cuesta entender la transición. El trabajo de las educadoras es el de dotar a los niños y niñas de autonomía y centrarse en el momento presente, pero pueden empezar a anticipar algunos de los acontecimientos que vendrán: recordar el nombre de la escuela, invitar a las educadoras un día al centro o compartir un rato con niños y niñas que ya están allí. Pero, sobre todo, hay que tener en cuenta el acompañamiento a las familias en la transición, porque ellas serán las que acompañarán a los niños y niñas.

¿Cómo acompañar el final de curso?

* El final de curso es un momento emotivo y especial para todas las personas que forman parte de la comunidad educativa.
* Debemos centrarnos en el momento presente que viven los niños y niñas, trabajando para que desarrollen su autonomía y personalidad moral.
* Es importante cerrar la etapa educativa junto con los niños y niñas y las familias. Las fiestas de final de curso son un buen ritual donde compartir juntos.
* Es clave trabajar con las familias en los periodos de transición, ellas serán las que acompañarán a los niños y niñas en el cambio a la nueva escuela.

3

Observar nuestra práctica para avanzar

Hemos visto que en el día a día de las escuelas infantiles 0-3 gracias a la interacción entre los niños y niñas surgen retos de valor. Los retos pueden convertirse en conflictos morales entre dos o más personas que generan una situación en la cual los puntos de vista de los implicados difieren y no llegan a un acuerdo. Generalmente, las educadoras intervienen en los conflictos morales con la intención de regularlos. El papel de las educadoras es el de acompañar a los niños y niñas ofreciéndoles herramientas para hacerlos cada vez más autónomos ante estos conflictos de valor. La regulación moral es una buena oportunidad para poner en práctica y trabajar valores relacionales.

Para llevar a cabo esta regulación moral, a continuación compartimos los pasos que merece la pena tener en cuenta. Cabe destacar que no tienen por qué estar presentes siempre a la hora de regular todos los conflictos, como tampoco hay que seguir la secuencia de manera ordenada, sino que son algunas cuestiones que se ponen en marcha en la gestión de conflictos morales, pero que pueden repetirse o darse en momentos diferentes.

Aproximación de la educadora

→ Conoce el conflicto: se da cuenta del conflicto o hay algún niño o niña que la llama.

→ Crea una situación de encuentro: se sitúa a la misma altura que los niños y niñas, de manera que puede mirarlos a los ojos.

→ Pide calma: hay situaciones en las cuales están nerviosos por cómo se ha desarrollado el conflicto o por motivos externos. Es importante que, antes de empezar con la regulación, se encuentren en un estado de tranquilidad, para poder expresarse y entender a los otros.

Establecer los hechos y las motivaciones

→ Preguntar sobre los hechos: pregunta sobre lo que ha pasado a cada uno de los protagonistas con la intención de conocer los diferentes puntos de vista y dar espacio para que se expresen.

→ Preguntar por los motivos: pregunta cuáles han sido los motivos. Esto permite conocer mejor a los niños y niñas y saber cuáles son las motivaciones que los llevan a realizar determinadas acciones.

→ Explicar el conflicto y los motivos: una vez lanzadas las preguntas, da espacio para que cada niño o niña explique qué ha pasado, por qué han actuado de esa manera y cómo se sienten respecto al conflicto.

→ Reconocer implícitamente o explícitamente los hechos: es el momento de aceptar y reconocer lo que han hecho para que, cuando proceda, sean conscientes de las conductas negativas.

Formular reflexiones morales

La regulación de los conflictos y retos que surgen entre los niños y niñas incide en la formación de la personalidad moral de los niños y niñas. Por eso, uno de los pasos principales por parte de las educadoras es el de formular reflexiones morales para mejorar el comportamiento de los más pequeños.

→ Argumentar sobre los hechos: explica qué ha pasado con la intención de clarificarlos.

→ Exponer principios, normas o valores: la educación moral no se enseña a través de explicaciones magistrales, sino que los niños y niñas tienen que vivir su propia experiencia conectada. En los encuentros morales es un buen momento para explicar los principios, normas y valores que rigen la clase, la escuela y la sociedad en general.

Formular propuestas conductuales

Las propuestas conductuales pueden ir acompañadas en muchas ocasiones con la formulación de reflexiones morales. En el proceso de regulación es habitual que las educadoras hagan una primera explicación moral y a continuación trabajen la manera de poner en práctica lo expuesto.

→ Dar una orden: se detallan las indicaciones claras sobre la conducta o lo que tienen que hacer con la intención de paliar el conflicto moral.

→ Ofrecer una propuesta de conducta: define acciones concretas que pueden realizar para resolver el conflicto de manera favorable. Esto hace que los más pequeños las pongan en práctica y las vayan incorporando en su comportamiento habitual.

→ Ayudar a realizar una conducta: para que aprendan a desarrollar la conducta, los ayuda y acompaña en su realización. Aquí se aprovecha para explicar lo que están haciendo y por qué lo están haciendo.

Acción de reparación

→ Aceptar verbalmente: los niños y niñas manifiestan la aceptación de las pautas que acaba de dar la educadora y verbalizan que tienen la intención de solucionar la situación. Saber expresarse y comunicar sus sentimientos e intenciones a las otras personas es una capacidad importante que se va desarrollando gracias a las experiencias sociomorales.

→ Aceptar conductualmente: los niños y niñas realizan una conducta que repara o modifica su actuación ante el conflicto.

→ No aceptar las sugerencias de la educadora o inhibición: los niños y niñas deciden aceptar o no la argumentación de la educadora. Cuando no se acepta, la educadora reformula su explicación hasta que ellos mismos se den cuenta del comportamiento y lo acepten por interés propio. Si no lo acaban aceptando, pero el conflicto se resuelve, la educadora no continúa insistiendo, porque así también se trabaja la autonomía y la capacidad de decisión ante pequeñas situaciones controladas.

Acción de reconciliación

→ Mostrar afecto y dar las gracias: es una manera de mostrar su gratitud a la otra persona. Generalmente, la acción de dar las gracias viene determinada por una propuesta de la educadora, que permite que se acostumbren a darse cuenta de lo que han hecho los otros por ellos.

→ Ir a jugar juntos: decidir que el conflicto ha finalizado y volver a jugar juntos es una acción natural y genuina de la infancia que muestra su reconciliación.

Refuerzo positivo

→ Verbal: la educadora se dirige directamente al niño o la niña y reconoce la acción que acaba de realizar dándole las gracias.

→ No verbal: a través de una sonrisa o una mirada amable la educadora reconoce el esfuerzo que acaban de hacer los más pequeños.

Acabamos de conocer los diferentes pasos de la regulación moral que se dan cuando las educadoras identifican una situación de conflicto moral y deciden intervenir. En la infografía se pueden observar de manera resumida estos pasos desde el momento en que surge la situación de conflicto hasta el refuerzo positivo final.

CONFLICTO MORAL  Los protagonistas tienen intereses diferentes y llegan a una incompatibilidad de intenciones.

APROXIMACIÓN DE LA EDUCADORA  Se da cuenta del conflicto y se acerca creando una situación de encuentro cara a cara.

ESTABLECER HECHOS Y MOTIVACIONES  Pide a cada uno de los implicados que explique lo que ha pasado desde su punto de vista y escuche el de su compañero o compañera.

FORMULAR REFLEXIONES MORALES  La educadora explica un valor, principio o norma apropiada a la situación de conflicto.

FORMULAR PROPUESTAS CONDUCTUALES  La educadora ofrece pautas de conducta para que resuelvan el conflicto.

ACCIÓN DE REPARACIÓN  Por iniciativa propia, o después de las sugerencias de la educadora, los niños y niñas intentan solucionar el conflicto aplicando las pautas.

ACCIÓN DE RECONCILIACIÓN  Al final de la regulación, por iniciativa propia o después de las sugerencias de la educadora, los niños y niñas manifiestan afecto por su compañero o compañera.

REFUERZO POSITIVO  La educadora refuerza las conductas de reparación y reconciliación de los niños y niñas.

4

Recursos para la práctica

La escuela es un medio que proporciona espacios de encuentro con la educadora, un adulto de referencia que no forma parte de la familia, pero que a partir de ahora será una pieza clave en su formación personal. La relación educativa se debe trabajar desde la entrada a la escuela, cada día del curso y hasta el último. Debe ser una relación de calidad, basada en la confianza, la comunicación y el respeto mutuo.

Compartimos algunos recursos e ideas para poner en práctica como equipo educativo en una escuela infantil a la hora de trabajar los valores.

Reuniones de inicio de curso

Antes de empezar el curso escolar, recomendamos dedicar espacios para trabajar la cultura moral del centro:

→ Dedicar espacios de encuentro, conocimiento mutuo y confianza con todo el equipo educativo del centro: formaciones, dinámicas para romper el hielo y reuniones de coordinación.

→ Hacer un ejercicio conjunto para identificar y definir como equipo educativo cuáles son los valores del centro y cuáles son aquellos que quieren que guíen su práctica diaria con los niños y niñas.

→ Acordar conjuntamente cómo actuarán ante un conflicto moral que surja entre el propio equipo educativo.

→ Acordar conjuntamente los pasos de la regulación que realizarán ante un conflicto moral que surja entre los niños y niñas.

→ Hacer un ejercicio individual o con la educadora paralela para identificar y definir los valores y normas del aula.

→ Incorporar los valores al proyecto educativo de centro.

→ Compartir los valores de centro con las familias en las reuniones de inicio de curso, la página web de la escuela o un díptico que se ofrece con toda la información del proyecto educativo.

Momentos de educación en valores

Los valores se visualizan a través de la participación en las prácticas educativas:

→ Vida cotidiana: momentos destinados a ganar autonomía satisfaciendo necesidades básicas.

→ Espacios de talleres: propuestas educativas dirigidas por la educadora.

→ Rincones de experiencias: actividades educativas que potencian el juego libre y espontáneo.

→ Actividades de patio: propuestas de juego libre que se realizan en el espacio exterior con diversos materiales.

→ Relación con las familias: espacios de colaboración con las familias donde se trabaja conjuntamente para el desarrollo integral de los niños y niñas.

→ Celebración de fiestas: días de celebraciones tradicionales, propias de la escuela o cumpleaños.

→ Ocasiones imprevistas: momentos inesperados que suceden a lo largo del día y la educadora aprovecha para trabajar contenido educativo.

→ Visitas fuera del centro: salidas o excursiones para conocer otros espacios fuera de la escuela.

Los valores se viven a través de las experiencias sociomorales:

→ Adquisición de normas: conjunto de normas convencionales y morales.

→ Emociones morales: positivas o negativas.

→ Identidad y autonomía: proceso de conocimiento de uno mismo y desarrollo de la autonomía.

→ Relación con la maestra: vínculo afectivo y de confianza a partir de encuentros interpersonales.

→ Relación con los iguales: espacios de encuentro e interacción de los niños y niñas.

→ Valores de consenso: que están presentes en las prácticas educativas, que guían la vida del centro y que tratan temas socialmente significativos.

5

A modo de síntesis final

Para finalizar, destacamos las 11 ideas clave de la educación en valores en la escuela infantil de 0 a 3 años:

→ En la escuela no hay un único momento destinado a trabajar la educación en valores: todos los momentos están impregnados de valores.

→ La unidad mínima de la educación en valores es la relación interpersonal entre iguales. A partir de esta interacción se forman y se ponen en práctica conductas de valor.

→ Los niños y niñas definen progresivamente su personalidad moral a partir de la experiencia. Cuando surgen temas de valor, debemos relacionarlos con su vida diaria y la propia experiencia para que los adquieran a través de un aprendizaje más significativo.

→ El equipo educativo debe tener presente en su práctica diaria cuáles son los valores de centro y qué valores son aquellos imprescindibles para transmitir en su práctica diaria.

→ Los espacios de encuentro cara a cara entre niño y educadora permiten que adquieran hábitos y valores y desarrollen su personalidad moral. Las educadoras deben procurar cada día disponer de espacios de encuentro con todos los niños y niñas que forman parte del grupo clase.

→ La regulación moral de los conflictos de valor que surgen ente los niños y niñas en la escuela potencia las conductas positivas y regula las conductas negativas.

→ Las normas se adquieren a través de la experiencia, de su aplicación y uso de manera continuada y repetitiva en los encuentros interpersonales.

→ La escuela debe ser un canal de expresión libre a través del cual los niños y niñas reconozcan y experimenten todas las emociones para que así se potencie el desarrollo integral de la persona.

→ Los momentos espontáneos que surjan en el día a día de la escuela son grandes espacios para trabajar valores a partir de la motivación de los niños y niñas.

→ La relación con las familias se debe basar en la confianza y debe ofrecer espacios de comunicación tranquilos. Las educadoras deben tener una actitud de respeto hacia los valores familiares y acogerlos, conociéndolos y aceptando las prácticas educativas que llevan a cabo en casa.

→ A través del juego, y especialmente el juego libre, los niños y niñas expresan comportamientos naturales y aprenden a relacionarse con los otros. La moral empieza por el entrenamiento de la cooperación, ya que gracias a él experimentan conductas relacionales.

Para saber más

Bassedas, E., Huguet, T. y Solé, I. (2007). *Aprender y enseñar en la educación infantil*. Graó.

Gijón, M. (2012). *Valores en la educación infantil: un año en la clase de las Jirafas*. Horsori.

Martín, X. y Puig, J. M. (2007). *Las siete competencias para educar en valores*. Graó.

Puig, J. M. (2003). *Prácticas morales: una aproximación a la educación moral*. Paidós.

Referencias bibliográficas

Gijón, M. (2004). *Encuentros cara a cara: valores y relaciones interpersonales en la escuela*. Graó.

Martín, X. (2012). Normas, rutinas y ocasiones en J.M. Puig (coord.). *Cultura moral y educación* (p. 135-153). Graó.

Puig, J. M. (coord.) (2012). *Cultura moral y educación*. Graó.

AGRADECIMIENTOS

Gracias a las Estrellas de mar con las que he compartido tantos momentos por dejarme aprender a través de vuestra mirada, a las maestras que me habéis abierto las puertas de vuestras aulas por hacerme sentir como en casa y a mis compañeras, compañeros y familia por acompañarme en este camino de hacer visible aquello esencial como son los valores.

A Inma.